CW01429151

F

CYFLWYNIAD ...

Cynlluniwyd y llyfr adolygu hwn i drin popeth yn y maes Defnyddiau Gwrthiannol, gan gynnwys dylunio, sgiliau, defnyddiau, technegau a phrosesau cynhyrchu. Drwy drin nodweddion craidd yr holl brif fanylebau, mae'n ceisio cyflwyno'r pwnc mewn modd deniadol a chyfeillgar. Bwriadwyd i'r llyfr gael ei ddefnyddio drwy gydol y ddwy flynedd o astudio fel canllaw i'r cwrs yn ogystal â chymorth adolygu at yr arholiad. Felly, mae'n cynnwys nifer o awgrymiadau ar sut i gyflwyno gwaith cwrs.

CYDNABYDDIAETHAU

Y fersiwn Saesneg gwreiddiol:
The Essentials of GCSE Design & Technology: Resistant Materials
Cyhoeddwyd gan Lonsdale Revision Guides.

Golygwyd gan Brian Russel, pennaeth Dylunio a Thechnoleg Dixon's City Technology College, Bradford, a phrif safonwr ar gyfer Dylunio Cynnyrch TGAU.

© Lonsdale SRG 2003

Y fersiwn Cymraeg hwn:
© Prifysgol Cymru Aberystwyth, 2007 ⓑ

Cyhoeddwyd gan y Ganolfan Astudiaethau Addysg (CAA), Prifysgol Cymru Aberystwyth, Yr Hen Goleg, Aberystwyth SY23 2AX (http://www.caa.aber.ac.uk).
Noddwyd gan Lywodraeth Cynulliad Cymru.

Mae hawlfraint ar y deunyddiau hyn ac ni ellir eu hatgynhyrchu na'u cyhoeddi heb ganiatâd perchennog yr hawlfraint.

Cyfieithydd: *Siân Owen*
Golygydd: *Lynwen Rees Jones*
Dylunydd: *Andrew Gaunt*
Argraffwyr: *Argraffwyr Cambria*

Diolch i Glyn Jones a John Petty am eu cymorth wrth brawfddarllen.

ISBN: 978-1-84521-114-1

3012247227

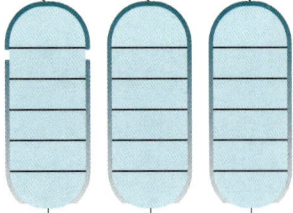

Gwnaed yn y Dosbarth
Adolygwyd
Adolygwyd
Rhif tudalen

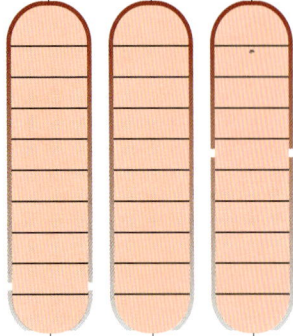

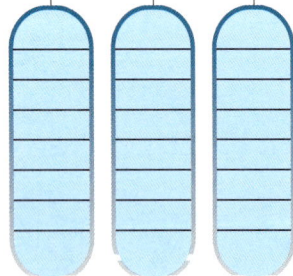

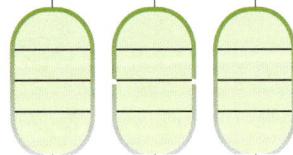

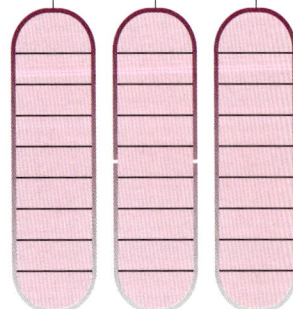

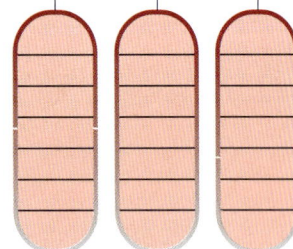

Gwnaed yn y Dosbarth Adolygwyd Adolygwyd Rhif tudalen

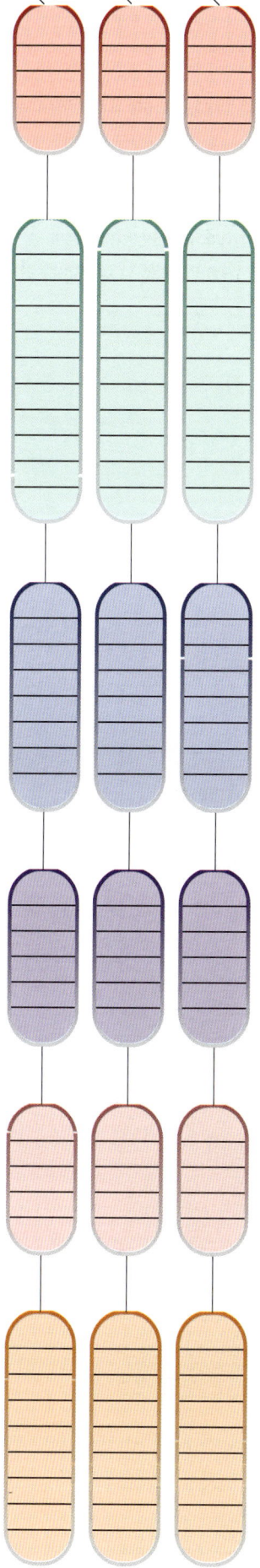

Un Corff Dyfarnu sydd yng Nghymru:

Cyd-Bwyllgor Addysg Cymru a elwir CBAC.

Mae gan y Cyd-bwyllgor wefan lle gallwch gael gafael ar wybodaeth am yr hyn a ddysgir i chi a'r ffordd y cewch eich asesu:
www.cbac.co.uk/

Mae'r Corff Dyfarnu wedi cynhyrchu manyleb Dylunio a Thechnoleg: Technoleg Defnyddiau Gwrthiannol, a bydd y llyfr hwn yn cynnig cyngor defnyddiol. Mae Manyleb yn cynnwys gwybodaeth am yr hyn y dylid ei ddysgu i chi a'r ffordd y cewch eich asesu. Yr hen enw ar fanyleb oedd maes llafur.

CBAC WJEC

TGAU
Arholiadau 2009 ymlaen

Dylunio a Thechnoleg
(Technoleg Defnyddiau
Gwrthiannol)

Bydd hwn yn digwydd ar ddiwedd y cwrs ac yn cynnwys 40% o'r radd TGAU. Mae'r mwyafrif o Gyrff Dyfarnu yn gosod un papur yn unig, ond efallai y cewch ddau. Bydd rhai yn rhoi thema i chi ar gyfer rhan o'r arholiad. Gall y thema fod yn rhywbeth fel Teganau Plant neu Ddodrefn Gardd a bydd yn caniatáu i chi ffocysu rhan o'ch amser paratoi yn y maes hwn. Byddwch yn ofalus, fodd bynnag: rhaid i'r papurau brofi pob rhan o'r fanyleb, ac felly ni fydd popeth yn ffitio'r thema.

Mae papur nodweddiadol yn para tua dwy awr ac felly rhaid i chi baratoi'n drwyadl am y rhan hon o'r asesiad.

Cyngor yr Arholwr

Eu gwaith yw gosod arholiad ysgrifenedig a fydd yn profi eich gwybodaeth a'ch dealltwriaeth o ran dylunio a gwneud gyda defnyddiau gwrthiannol. Yn fras, maent yn cynllunio'r cwestiynau mewn ffordd sy'n eich galluogi i ennill marc bob munud. Os yw'r cwestiwn yn cynnig deg marc, yna disgwylir i chi dreulio tua deng munud ar y cwestiwn hwnnw.

Gwnewch yn Siŵr eich bod yn Talu Sylw Arbennig i'r Meysydd Canlynol:

Coed - prennau caled, prennau meddal a phrennau cyfansawdd
Metelau - fferrus, anfferrus ac aloion
Plastigion - thermoplastigau a phlastigion thermosodol
Cydrannau a ddefnyddir i glymu defnyddiau gyda'i gilydd
Adlynion a dulliau uno
Dulliau o weithio defnyddiau - gwastraff, ychwanegu ac ailffurfio
Dulliau gorffennu
Offer a pheiriannau ar gyfer gweithio'r defnyddiau hyn
Prosesau gweithgynhyrchu a ddefnyddir mewn ysgolion a hefyd mewn
    diwydiant
Mecanweithiau
Materion Iechyd a Diogelwch
Materion cymdeithasol ehangach yn ymwneud
    â Dylunio a Thechnoleg
Anthropometreg ac ergonomeg

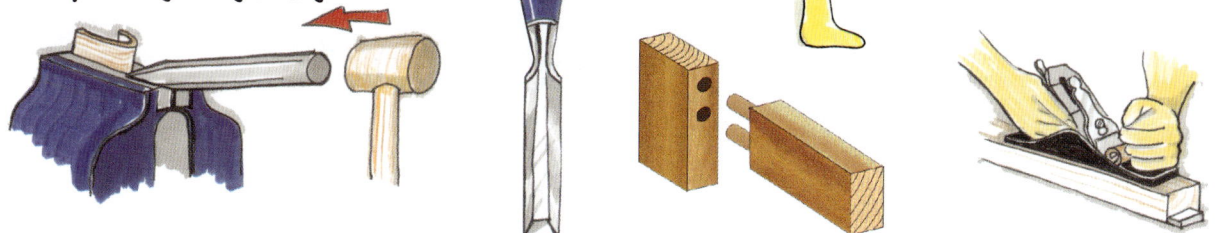

Bydd angen i chi gyflawni un project a fydd yn cynnwys dylunio, gwneud a phrofi cynnyrch newydd. Dylai'r project hwn gymryd tua 40 awr o'ch amser mewn gwersi os ydych yn dilyn TGAU llawn, a thua 20 awr os yw'n gwrs byr. Bydd yn cynnwys ffolder dylunio cryno sy'n esbonio'r broblem yr ydych yn ymchwilio iddi, eich gwaith ymchwil, manyleb y cynnwys, eich syniadau a sut yr ewch ati i'w datblygu er mwyn ffurfio eich cynnig dylunio terfynol. Yn ogystal, bydd angen cynnwys cynllun gwaith, a ddylai gynnwys digon o fanylion i alluogi rhywun arall i'w ddefnyddio, y profion a wnaethoch ar wahanol adegau a gwerthusiad terfynol o'r project, a ddylai ddangos ystyriaeth o'r ffordd y byddai'n cael ei weithgynhyrchu'n fasnachol.

Bydd y gwaith hwn yn cyfrif am 60% o'ch gradd TGAU derfynol. Bydd eich athro neu athrawes yn ei farcio, ac yna bydd safonwr o'r Corff Dyfarnu yn edrych arno. Gall y safonwr newid marciau eich athro, gan roi mwy neu lai o farciau.

Cyngor y Safonwr

Y Prif Safonwr sy'n gyfrifol am y rhan hon o'r asesiad. Mae ef neu hi'n pennu safon ar gyfer pob gradd ac yn sicrhau bod y safonwr yn dilyn yr un safon wrth asesu. Yn wahanol i'ch athro, ni fydd y safonwr yn cael y cyfle i weld sut yr ydych yn datblygu'r project. Ni fydd yn gallu siarad â chi na gofyn cwestiynau ond yn hytrach bydd rhaid iddo asesu'r dystiolaeth a rowch iddo. Mae eich ffolder dylunio a'r nodiadau a'r lluniadau a gyflwynwch yn rhan hanfodol o'r broses asesu. Peidiwch â thybio bod y safonwr yn gallu darllen eich meddwl; bydd rhaid i chi ddweud wrtho drwy eich anodiadau.

SYNIADAU CYCHWYNNOL ...

Dolen wedi ei gwneud o ledr neu ryw fath o blastig hyblyg.

Rhoden ag edau ynddi, wedi ei gwneud o ddur gwrthstaen.

Gwifren / Rhaff

Adrannau wedi eu gwneud o bren haenog a leiniwyd ag ewyn.

PROJECT STORIO

Dyma fydd gwaelod y cês. Gellir ei ffurfio â gwactod neu ei wneud o bren haenog 9 mm. Yr unig anhawster wrth ddefnyddio pren haenog yw bod angen corneli â phwyntiau miniog.

Cefais y syniad am y dyluniad wrth edrych ar wasg flodau. Yn fy marn i, un o'r anfanteision yw'r pwysau. Hefyd, byddai'n rhaid iddo fod yn fawr iawn er mwyn dal llawer o bapur.

Gan Simon Kershaw.

Dylech Ddarparu'r Canlynol

- Esboniad byr o'r project, yn cynnwys briff dylunio
- Manylion am yr ymchwil y bu'n rhaid i chi ei wneud
- Eich dadansoddiad o'r broblem a'r deunydd ymchwil a gasglwyd
- Manyleb ar gyfer y project newydd
- Ystod o syniadau cychwynnol sy'n ateb gofynion y fanyleb hon
- Datblygiad un neu fwy o'r syniadau
- Cynnig dylunio a chynllun gwaith terfynol sy'n ddigon manwl i'r safonwr eu dilyn
- Profion a gwerthusiadau drwy gydol y ffolder dylunio
- Y gwiriadau sicrwydd ansawdd y bu'n rhaid eu gwneud
- Sut byddai'r cynnyrch yn cael ei weithgynhyrchu'n fasnachol

Dylai'r ffolder dylunio hwn ddangos eich dealltwriaeth o ddiwydiant a'ch gallu i gyfathrebu eich syniadau. Disgwylir i chi ddefnyddio amrywiaeth o Dechnoleg Gwybodaeth a Chyfathrebu ble bynnag y bydd hynny'n briodol. Yn ogystal, dylech ddangos eich dealltwriaeth ehangach o faterion yn ymwneud â dylunio a thechnoleg, megis goblygiadau eich project o ran yr amgylchedd.

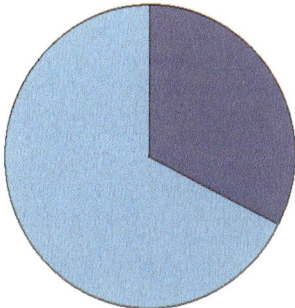

Yn gyfan gwbl, dylech dreulio tua thraean o'ch amser (tua 13 awr ar gyfer cwrs llawn, a hanner hwn ar gyfer cwrs byr) ar y rhan hon o'r project. Enillir marciau ychwanegol am safon eich cyfathrebu ysgrifenedig felly ceisiwch sicrhau bod yr hyn a ysgrifennwch yn glir ac wedi ei sillafu'n gywir.

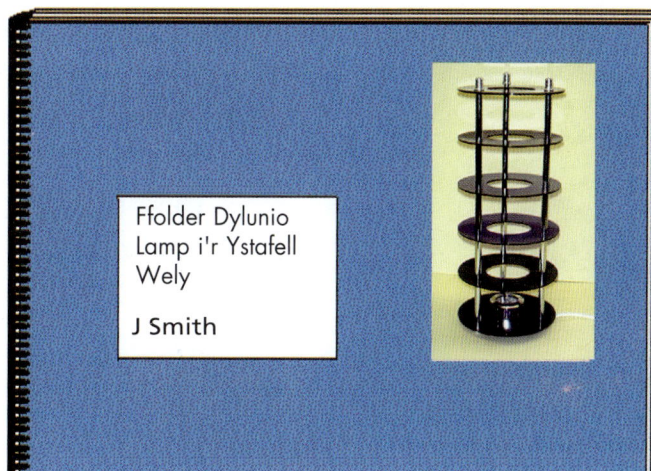

Yn ystod y 27 awr sydd yn weddill (hanner hwn ar gyfer cwrs byr) disgwylir i chi weithgynhyrchu prototeip neu fodel o ansawdd da. Mae'n bosibl y byddwch yn treulio rhywfaint o'r amser hwn yn profi dulliau adeiladu ac yn gwneud modelau.

BWRDD LLUNIADU A3 A SGWÂR-T

Nid yw bwrdd lluniadu A3 yn hanfodol ond bydd yn gwneud eich gwaith yn haws. Mae'n hanfodol cael arwyneb lluniadu llyfn.

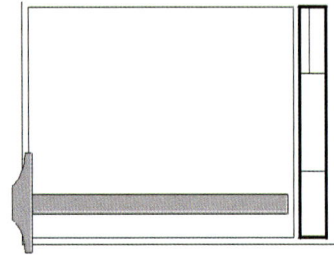

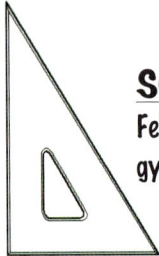

SGWARYNNAU

Fe'u defnyddir gyda bwrdd lluniadu i luniadu onglau penodol manwl gywir. Defnyddir y sgwaryn 60° / 30° i greu tafluniad isometrig.

RIWL 300 MM / ONGLYDD

Defnyddir riwliau ar gyfer mesur lled a thrwch, ac fel canllaw wrth luniadu golwg persbectif a thafluniadau isometrig. Defnyddir onglydd i fesur onglau.

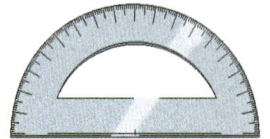

PENSILIAU GRAFFIT

Mae HB a 2B yn ddefnyddiol ar gyfer graddliwio.
Mae 2H yn ddefnyddiol ar gyfer gwneud llinellau llunio.

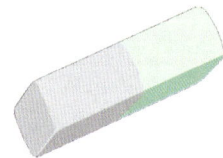

PENSILIAU LLIW

Mae amrywiaeth o bensiliau lliw o ansawdd da yn fuddsoddiad da.

DILËWR / RWBER

Bydd dilëwr / rwber o ansawdd da yn cael gwared ar eich camgymeriadau heb ffwdan.

PEN LLINELL FAIN

Mae pen llinell fain rad yn hanfodol er mwyn gwella'ch lluniadau.

PENNAU BLAEN FFELT

Yn llai defnyddiol na phensiliau lliw. Lliwiau sylfaenol ac arlliwiau o lwyd yw'r lliwiau mwyaf defnyddiol.

CWMPAS

Fe'i defnyddir i luniadu cylchoedd / arcau manwl gywir

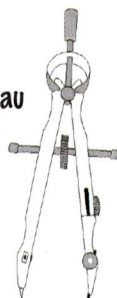

CAMERA

Mae camera'n arbennig o ddefnyddiol pan wneir ymchwil cychwynnol ac er mwyn cofnodi eich gwaith modelu.

PATRYMLUNIAU ELIPSAU

Yn gwneud lluniadu cylchoedd mewn tafluniad isometrig yn llawer haws.

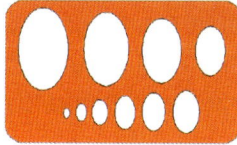

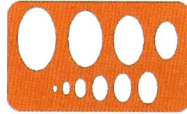

PATRYMLUNIAU CYLCHOEDD

Yn gwneud lluniadu cylchoedd llai o faint yn haws nag wrth ddefnyddio cwmpas.

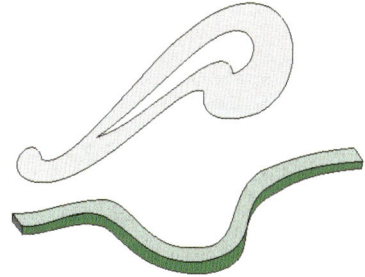

TÂP MESUR

Yn hanfodol ar gyfer helpu i gadarnhau dimensiynau mwy o faint.

PATRYMLUNIAU TRO / CROMLINIAU HYBLYG

Ar gyfer creu llinellau llyfn ar ddarnau crwm lluniad.

CÂS PORTFFOLIO

Yn hanfodol ar gyfer cadw eich gwaith dylunio gyda'i gilydd. Mae'r math sy'n cynnwys deg poced yn arbennig o ddefnyddiol gan y bydd yn eich helpu i ffocysu ar gynhyrchu portffolio dylunio cryno gydag uchafswm o ugain dalen.

CYFRIFIADUR

Gallai meddalwedd briodol megis Corel Draw!, 2D Design Tools, Pro/DESKTOP ac ati wneud rhai o'ch tasgau dylunio'n llawer haws. Holwch yn eich ysgol chi, efallai bod ganddynt drwyddedau meddalwedd sy'n caniatáu i chi gael copïau i'w defnyddio gartref.

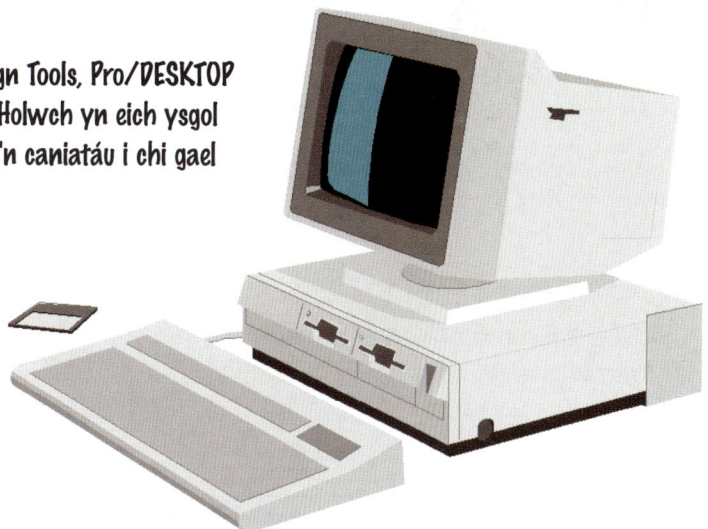

Cofiwch, er mwyn gweithio'n effeithiol gartref, rhaid cael man tawel a digon o le i osod allan eich gwaith a'ch offer. Peidiwch â gwneud eich gwaith cartref wrth eistedd o flaen y teledu. Bydd yn cymryd llawer mwy o amser!

Mae'r adrannau canlynol yn dangos camau'r project gwaith cwrs yn fanwl. Gallech ddilyn dull dylunio tebyg gyda'r holl ddylunio a gwneud yn ystod eich cwrs TGAU. Rhaid i'ch ffolder dylunio fod yn ddogfen gryno sy'n dangos eich syniadau. I roi syniad bras, dylai ugain dalen A3 fod yn ddigon ar gyfer y rhan fwyaf o brojectau. Bydd angen i chi drefnu hwn yn ofalus ond peidiwch â threulio gormod o amser yn lluniadu borderi a theitlau coeth. Y cynnwys fydd yn ennill marciau i chi.

Sut Ddylwn I Ddechrau Fy Mhroject?

Bydd angen i chi ddechrau drwy egluro'r broblem yr ydych yn gobeithio ei datrys drwy ddylunio a gwneud. Un ffordd o wneud hyn yw drwy egluro angen y farchnad yr ydych yn dylunio iddi. Cofiwch fod angen i chi dybio y bydd eich cynnyrch yn cael ei weithgynhyrchu'n fasnachol.

Ceisiwch egluro:
- y math o bobl a fyddai'n defnyddio eich cynnyrch
- yr amgylchedd yr ydych yn dylunio'r cynnyrch ar ei gyfer
- unrhyw gyfyngiadau ariannol a fyddai'n dylanwadu ar eich dyluniad.

Yn aml, bydd dylunio ar gyfer cleient go iawn yn golygu eich bod yn cyflawni ymchwil cychwynnol go iawn a bydd hyn yn golygu bod eich gwerthusiadau ym mhob cam yn llawer mwy defnyddiol.

Mae rheoli eich amser yn bwysig iawn.
Nid yw 40 awr yn hir iawn,
defnyddiwch bob munud.

ANGEN Y FARCHNAD YR WYF YN DYLUNIO AR EI CHYFER

BRIFF DYLUNIO

AMSERLEN Y PROJECT

Mae'n ddefnyddiol trefnu amserlen project gyda'ch athro neu athrawes. Yn aml, bydd myfyrwyr yn treulio gormod o amser ar un rhan o'r gwaith. Dylai amserlen eich helpu i drefnu'ch amser. Cofiwch, dylai'r dylunio fod yn draean yn unig o'ch project. Dylech dreulio gweddill yr amser yn gweithio gyda defnyddiau.

Bydd angen i chi feddwl yn fanylach am y broblem a rhoi trefn ar eich meddyliau cyntaf. Un ffordd o wneud hyn yw drwy saethu syniadau dan bedwar pennawd: Pobl, Lleoedd, Cynhyrchion a Phrosesau. Gelwir hwn weithiau yn 'ddull 4 pwynt'. (*4P's method* yn Saesneg, sef *People, Places, Products, Processes*)

Pobl

Gwnewch restr o'r holl bobl y mae'n bosibl y bydd angen i chi siarad â nhw. A fydd rhaid i chi gynnal cyfweliadau neu lunio holiaduron? A fydd angen cyngor arbenigol? Efallai y bydd angen defnyddio'r ffôn neu'r e bost er mwyn cysylltu â phobl. Nid yw llythyrau'n cael ymateb da yn aml, ac weithiau gallant wastraffu llawer o amser.

Lleoedd

Gwnewch restr o'r holl leoedd y mae'n bosibl y bydd angen i chi fynd. Gallai'r llyfrgell fod yn fan cychwyn defnyddiol. Byddai'n ddoeth ymweld â siopau perthnasol neu â'r amgylchedd yr ydych yn dylunio ar ei gyfer. A fydd angen i chi ymweld â ffatri neu warws DIY? A fydd angen mesuriadau o'r amgylchedd?

Cynhyrchion

Gwnewch restr o gynhyrchion tebyg y mae'n bosibl y bydd angen i chi edrych arnynt. Cofiwch y gall cynhyrchion a ddyluniwyd ar gyfer un pwrpas roi syniadau ar gyfer cynnyrch newydd yn aml. Mae'n bosibl mai dadansoddi cynnyrch yw'r ymchwil mwyaf defnyddiol y gallech ei gyflawni. Gallech edrych ar waith dylunwyr enwog neu ar ddylanwad mudiadau dylunio megis Art Deco.

Prosesau

Gwnewch restr o'r defnyddiau a'r prosesau y mae'n bosibl y bydd angen eu hymchwilio. Dyma'r adran anoddaf ei gwblhau yn y cam hwn. Os yw bod yn addasadwy yn nodwedd allweddol o'ch cynnyrch, yna byddai ymchwilio i fecanweithiau yn fan cychwyn da. Yn aml, bydd gwaith dan y pennawd hwn yn datblygu'n ymchwiliadau ymarferol.

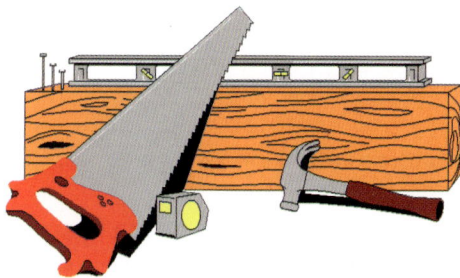

Efallai y bydd angen i chi ddefnyddio defnyddiau a phrosesau i wneud arbrofion ymarferol.

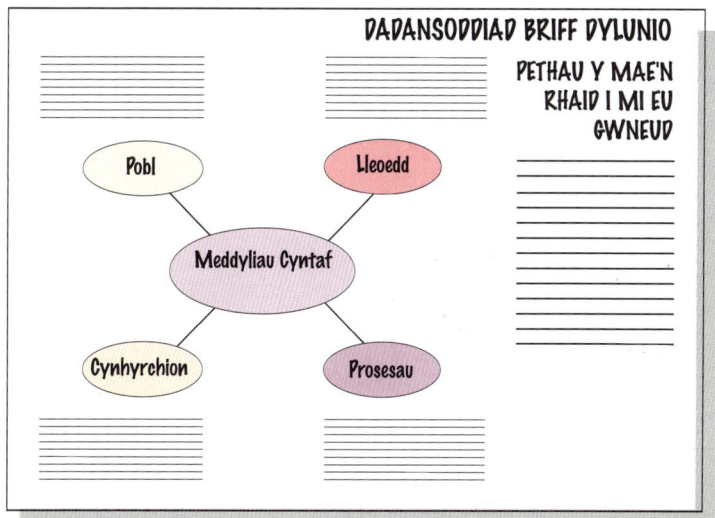

DADANSODDIAD BRIFF DYLUNIO

PETHAU Y MAE'N RHAID I MI EU GWNEUD

Pobl — Lleoedd
Meddyliau Cyntaf
Cynhyrchion — Prosesau

Yn ddelfrydol, dylech restru'r holl dasgau y bydd rhaid i chi eu cyflawni yn ystod y project. Cofiwch eich bod wedi astudio Dylunio a Thechnoleg am nifer o flynyddoedd ac rydych yn gwybod llawer yn barod. Allwch chi restru popeth a wyddoch yn barod sy'n berthnasol i'r cynnyrch hwn?

Dyluniwyd y rhan fwyaf o gynhyrchion ar gyfer pobl ac felly bydd angen i chi ystyried Ffactorau Dynol. Os byddwch yn dylunio ar gyfer anifeiliaid yn unig, yna mae'n bosibl y bydd angen cynnal ymchwil tebyg, er y gallai fod yn anoddach cael hyd i wybodaeth.

Anthropometreg

Anthropometreg yw astudiaeth mesuriadau dynol. Mesurwyd miliynau o bobl o bob siâp a maint a chasglwyd y cyfan at ei gilydd mewn siartiau. Mae dylunwyr yn ceisio gweithio i'r 5ed - 95ed canradd. Mae hynny'n cynnwys 90% o'r boblogaeth. Fodd bynnag, os oes gennych ddewis o'r holl fesuriadau hyn, pa rai ydych chi'n eu defnyddio? Meddyliwch am hyn. Pe baech yn dylunio agoriad i ddrws, byddech yn dewis y talaf. Pe baech yn dylunio sedd, yna mae'n bosibl mai'r byrraf fyddai'r cyfaddawd gorau. Mae llawer o lyfrau a gwefannau penodol sy'n trafod hyn yn fanylach.

Ergonomeg

Ergonomeg yw astudiaeth effeithlonrwydd pobl yn eu hamgylchedd gwaith, ac yn aml mae'n ymwneud â chymhwyso data anthropometrig. Mae ergonomeg yn ymdrin â materion megis cysur a diogelwch. Pa liw sydd orau ar gyfer offer diogelwch? Faint o bwysau y gall un person ei godi'n ddiogel?

Dylunio Cynhwysol

Mae'r cynnyrch delfrydol yn cwrdd ag anghenion pawb. Fe'i gelwir yn 'ddylunio cynhwysol' ac mae'n nod amhosibl ei gyrraedd, ond dylem geisio cynnwys cynifer o bobl â phosibl. Mae gallu corfforol, iechyd, gallu deallusol ac ati oll yn ffactorau dynol y mae'n rhaid i ddylunwyr eu hystyried.

Stereoteipiau

Nid yw pawb yr un fath, ond mae pobl yn cael eu rhoi mewn gwahanol grwpiau yn aml. Gall y stereoteipiau hyn fod yn ddefnyddiol i ddylunwyr, gwneuthurwyr ac, yn arbennig, adwerthwyr. Mae'n arferol i sicrhau bod cynhyrchion yn cael eu hanelu at grŵp marchnad penodol.

Allwch chi feddwl am gynhyrchion a anelir at grwpiau penodol?
Yn aml, gelwir hyn yn DDYLUNIO UNIGRYW.

Ac yn Olaf ...

Dylech egluro pa ffactorau dynol y bydd angen i chi eu hystyried. Mae'n bosibl y bydd rhaid i chi wneud eich ymchwil eich hunan os nad yw'r wybodaeth ar gael. Efallai y byddai'n ddefnyddiol gwneud ergonomau o gerdyn fel y gallwch brofi'ch lluniadau.

Llungopïwch y dudalen hon ar ddalen o gerdyn tenau. Defnyddiwch siswrn i dorri allan darnau'r corff a chysylltwch y darnau â phinnau hollt pres i greu ergonom. Gall hwn fod yn ddefnyddiol wrth ddylunio cynhyrchion dodrefn, er enghraifft.

Dyma enghraifft o ddata a ddefnyddir ar gyfer eistedd a sefyll. Gallech gyfeirio at y wybodaeth yma wrth wneud eich gwaith cwrs. Cewch hyd i ddata manylach yn eich llyfrgell leol.

Eistedd

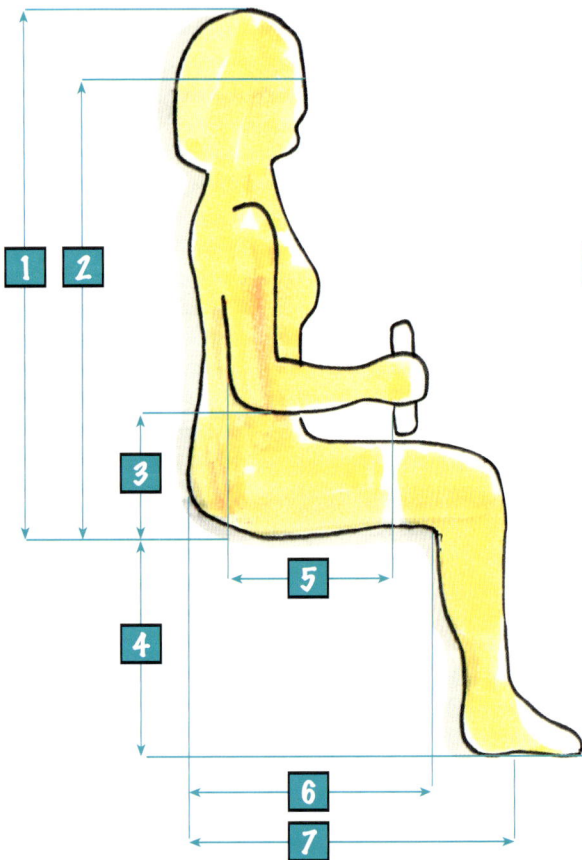

Sefyll

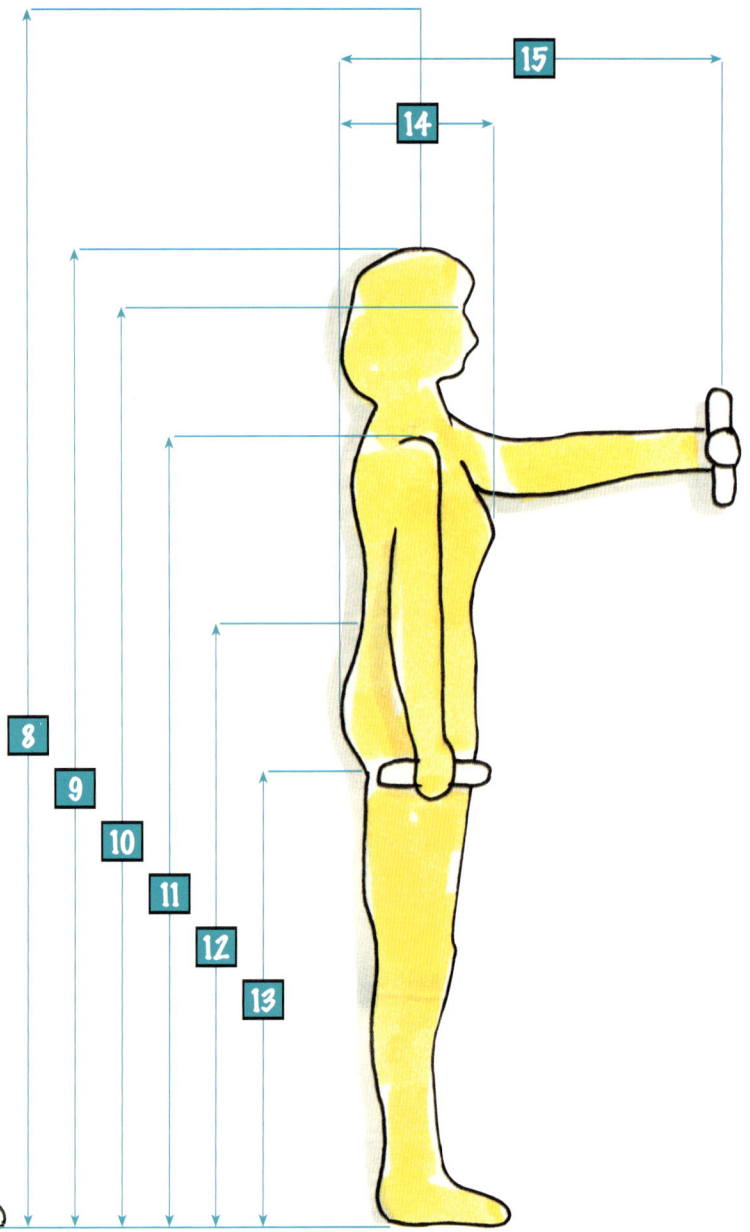

	EISTEDD	BYR	CANOLIG	TAL
1	Uchder ar eistedd	795	880	965
2	Uchder y llygad ar eistedd	685	765	845
3	Uchder y penelin ar eistedd	185	240	295
4	Uchder cameddol	355	420	490
5	Hyd o'r penelin wrth ddal gwrthrych	304	343	387
6	Hyd cameddol o'r ffolen	435	488	550
7	Hyd o'r ffolen i'r pen-glin	520	583	645
	PWYSAU'R CORFF	44.1kg	68.5kg	93.7kg

	SEFYLL	BYR	CANOLIG	TAL
8	Uchder cyrhaeddiad wrth ddal gwrthrych uwchlaw'r pen	1790	1983	2190
9	Taldra	1505	1675	1855
10	Uchder y llygad	1405	1568	1745
11	Uchder yr ysgwydd	1215	1368	1535
12	Uchder y penelin	930	1048	1180
13	Uchder y cwgn	660	738	825
14	Dyfnder y frest	210	250	285
15	Cyrhaeddiad wrth ddal gwrthrych o flaen y corff	650	743	835

Mae'r tablau hyn yn cynnig amrywiaeth o ddata o'r meintiau lleiaf i'r mwyaf. DEFNYDDIR MILIMETRAU AR GYFER POB UN O'R MESURIADAU.

Mae'n debyg mai dadansoddi cynnyrch yw'r ymchwil mwyaf defnyddiol a wnewch. Mae'n golygu edrych ar y cynnyrch, ei dynnu'n ddarnau (neu ddychmygu ei dynnu'n ddarnau!) a cheisio deall sut y cafodd ei wneud.

Sut i Ddadansoddi Cynnyrch

Defnyddiau

Pa ddefnyddiau a ddefnyddiwyd a pham? Allwch chi adnabod a rhestru nodweddion y defnyddiau a ddefnyddiwyd ym mhob cydran?

Swyddogaeth

Beth yw'r angen am y cynnyrch? At ba farchnad darged yr anelwyd y cynnyrch? Beth yw pwrpas y dyluniad? Sut mae'n gweithio? A yw'n hawdd ei gynnal?

Ergonomeg

A yw'r cynnyrch wedi cael ei ddylunio er mwyn ei wneud yn fwy diogel, yn haws ac yn fwy effeithiol i'w ddefnyddio? A ellir gwella'r nodweddion hyn mewn unrhyw ffordd? Pa mor hawdd ydyw i'w godi a'i gario? A ellir ei gydosod yn hawdd?

Gweithgynhyrchu

Sut cafodd ei wneud? Allwch chi nodi'r broses a ddefnyddiwyd ar gyfer pob cydran?

Arddull

Sut gallwch chi ddisgrifio'r arddull? A yw'n fodern? A chafodd ei dylanwadu gan fudiad dylunio?

Ffactorau Eraill

Disgwylir i chi ystyried goblygiadau ehangach dylunio a gweithgynhyrchu. Mae hwn yn le da yn eich ffolder i ddangos eich bod wedi gwneud hynny. A ellir ailgylchu'r cynnyrch? Beth yw ei gylchred oes? Beth fu effaith y cynnyrch hwn ar ein dulliau o fyw? A yw grŵp penodol o bobl yn cael eu heithrio o ddefnyddio'r cynnyrch?

Mae'n hanfodol bod dylunydd yn chwilio am farn a syniadau pobl eraill.

Cyfweliadau

Mae cyfweliadau yn un o'r ffyrdd gorau o gael gwybodaeth gan bobl. Paratowch y cwestiynau ymlaen llaw a gwnewch yn siŵr eich bod yn cofnodi'r ymatebion. Dictaffon neu recordydd casét bach yw'r ffordd orau o wneud hyn, er y gallech ystyried gofyn i ffrind wneud nodiadau.

Holiaduron

Mae ysgrifennu holiaduron yn sgil arbennig. Yn aml, mae'n cymryd llawer o amser ac nid yw bob amser yn gymorth mawr. Mae'r safonwr yn chwilio am ddadansoddiad o'r data, nid eich gallu i gasglu data.

Ystyriwch:
* ysgrifennu holiadur grŵp (ar dueddiadau pobl yn eu harddegau, er enghraifft) a rhannu'r canlyniadau
* defnyddio data a gasglwyd gan sefydliad masnachol (megis cylchgrawn i arddegwyr)
* ysgrifennu un holiadur a'i ddefnyddio fel sail ar gyfer cynnal cyfweliadau.

Mae cronfeydd data neu daenlenni'n gallu eich helpu i goladu canlyniadau'ch holiadur ac yn gallu cynhyrchu graffiau defnyddiol. Mae'n hanfodol egluro sut y cyflawnwyd yr arolwg, pa gwestiynau a ofynnwyd a sut mae'r canlyniadau yn dylanwadu ar eich syniadau.

Cofiwch, nid yw gofyn i ddeg o bobl yn debygol o roi canlyniad arolwg dilys i chi. Bydd angen i chi dargedu eich defnyddwyr posibl a chwilio am drawstoriad da o safbwyntiau os ydych am gael data dibynadwy.

Mae profi defnyddiau mewn ffordd ddilys yn gallu rhoi gwybodaeth ddefnyddiol a fydd yn eich helpu wrth ddylunio, yn enwedig wrth ddatblygu'r cynnyrch. Er mwyn ennill credyd, fodd bynnag, chi ddylai wneud y profi.

Sut i Fynd Ati i Brofi Defnyddiau

Mae llawer o gronfeydd data a CD-ROMau a all wneud y gwaith hwn drosoch, ond mae safonwyr yn casáu darllen tudalennau sy'n llawn o ddeunydd a gopïwyd, ac maent yn tueddu i anwybyddu'r gwaith hwn. Mae hyn yn wir hefyd o ran deunydd a gopïwyd o lyfrau neu a lawrlwythwyd o'r Rhyngrwyd.

Nid oes rhaid i brofion fod yn gymhleth; mae angen iddynt fod yn ddefnyddiol a chymharu defnyddiau mewn ffordd deg.

Ystyriwch brofi:
* gwahanol orffeniadau ar samplau tenau o ddefnyddiau
* amrywiaeth o ludion
* sut mae defnyddiau a gorffeniadau'n gwrthsefyll ergydion a chrafiadau
* a yw defnyddiau yn arnofio neu'n suddo neu'n amsugno dŵr
* pa mor hawdd yw torri a siapio'r defnyddiau.

Byddai ffotograffau o'ch profion ochr yn ochr â disgrifiad o'r ffordd y gwnaed y profion yn ddefnyddiol iawn. Gwnewch yn siŵr eich bod chi'n dod i gasgliadau o ganlyniad i'r profion. Pa benderfyniadau allwch chi eu gwneud yn awr?

Mae angen i'r safonwr ddeall pa ymchwil a wnaethoch a pha mor ddefnyddiol oedd yr ymchwil hwnnw. Nid oes angen i chi lungopïo pob tudalen a ddarllenoch mewn llyfrau neu gynnwys pob catalog neu daflen yr ydych wedi eu defnyddio. Bydd crynodeb yn gwneud y tro.

Crynhoi Eich Ymchwil

Cadwch restr o'r holl lyfrau, taflenni, gwefannau ac adnoddau eraill a ddefnyddiwyd gennych yn ystod eich project. Cofiwch fod angen ymchwil ychwanegol yn aml yn y cam datblygu, pan fydd angen chwilio am ddolenni, colfachau ac ati neu ddewis lliwiau o ddetholiad o baentiau sydd eisoes ar gael.

Mae ymchwil cynradd, megis cynnal cyfweliadau neu ddadansoddi cynnyrch, yn ennill llawer mwy o farciau nag ymchwil eilaidd a seiliwyd ar ddarllen llyfrau neu chwilio'r Rhyngrwyd.

Defnyddiwch bwyntiau bwled wrth grynhoi'r ymchwil neu cynhyrchwch siart fel y gallwch restru'r defnyddiau wrth i'r gwaith fynd yn ei flaen.

CRYNODEB O'R YMCHWIL

FFYNHONNELL	FY NARGANFYDDIADAU	SUT HELPODD HYN

CRYNODEB O'R YMCHWIL

Dylai eich manyleb roi disgrifiad manwl o beth fydd eich cynnyrch. Dylai adlewyrchu gwybodaeth sydd i'w gweld yn eich ymchwil, a dylai trydydd parti allu defnyddio'ch manyleb i ddechrau cynllunio a datblygu syniadau a fyddai'n arwain at gynnyrch terfynol. Yn aml, y ffordd orau o ddangos manyleb yw trwy ddefnyddio pwyntiau bwled.

- **Marchnad darged**   Pwy yw'r farchnad darged? Ar ôl cynnal yr ymchwil, a oes angen i chi adolygu'r hyn rydych wedi ei ysgrifennu ar eich dalen gyntaf?

- **Swyddogaeth**   Beth sydd angen i'ch cynnyrch ei wneud?

- **Maint**   A oes unrhyw gyfyngiadau? A allwch nodi maint ar hyn o bryd?

- **Pwysau**   A yw hyn yn bwysig? Sut fydd y cwsmer yn ei gludo adref?

- **Gwydnwch**   Pa mor hir ydych chi'n disgwyl i'ch cynnyrch bara? A fydd unrhyw faterion yn codi yn ymwneud â chynnal a chadw, megis yr angen i newid batrïau?

- **Estheteg**   A oes angen i'ch cynnyrch gydweddu ag arddull arbennig? Ystyriwch liw, ffurf, cyfrannedd, patrwm a gwead.

- **Defnyddiau**   Pa fath o ddefnyddiau sydd fwyaf priodol, yn eich barn chi? A oes rhaid bod ganddynt nodweddion penodol megis bod yn wrthdan, yn ddiddos, yn hawdd eu glanhau, cryf, hyblyg ac ati?

- **Diogelwch**   Mae'r Sefydliad Safonau Prydeinig yn cynhyrchu canllawiau ar gyfer nifer o gynhyrchion. Edrychwch ar eu gwefan ar http://wwww.bsi.org.uk/education

- **Cost**   A oes terfan ar eich cyllid? A oes angen i'ch cynnyrch gystadlu mewn pris â chynhyrchion eraill tebyg?

- **Materion Gwyrdd**   Pa mor wyrdd fydd rhaid i'ch cynnyrch fod?

- **Gweithgynhyrchu**   A oes angen i'ch cynnyrch ddefnyddio prosesau penodol? Beth fydd graddfa gynhyrchu eich cynnyrch?

- **Pecynnu**   A oes angen pacio'ch cynnyrch yn fflat? A oes angen i chi gynnwys cyfarwyddiadau ar gyfer ei gydosod neu arweiniad ynglŷn â sut i'w ddefnyddio?

Profi

Efallai y bydd angen i chi ystyried sut i brofi'ch cynnyrch. Mewn diwydiant, mae hon yn rhan bwysig iawn o'r fanyleb. Er enghraifft, os bydd rhaid i'r cynnyrch gydymffurfio â safonau penodol, yna rhaid cynnal profion penodol.

CRYNODEB O'R YMCHWIL

'Sgen i ddim syniadau!

Nid yw syniadau newydd yn dod heb gymorth. Rhaid i chi eu creu. Dyma rai technegau a allai eich helpu i ryddhau'r syniadau cychwynnol.

Lluniadu Drwy Ffenestr

Mae hwn yn arbennig o dda ar gyfer cynhyrchion addurniadol megis gemwaith. Dewiswch eitemau diddorol - mae natur yn ffynhonnell ddelfrydol. I wneud hyn rhaid defnyddio patrymlun lluniadu i ffocysu ar ddim ond un rhan o wrthrych. Mae hyn yn gallu creu patrymau diddorol.

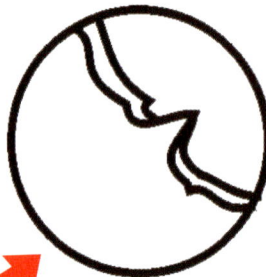

Syniad newydd ar gyfer wyneb cloc neu gaead bocs?

Yn Arddull ...

Mae'r arddull Retro'n boblogaidd iawn. Mae dylunio yn arddull mudiadau dylunio'r gorffennol yn fan cychwyn ardderchog. Ymchwiliwch i Bauhaus, Art Deco, Art Nouveau, De Stijl, Memphis, Shaker. Daeth y syniad hwn ar gyfer lamp wrth edrych ar Adeilad Hoover - darn enwog o bensaernïaeth Art Deco.

Gosod Rheolau

Weithiau gall cyfyngu eich hun i set o reolau olygu eich bod yn cynhyrchu syniadau ffres na fyddai wedi bod yn bosibl fel arall. Rhowch gynnig ar y set hon o reolau. Gallwch ddefnyddio dim mwy na thri thwll crwn a dau lifdoriad syth wedi eu cymryd o ddetholiad o dorbrennau papur.

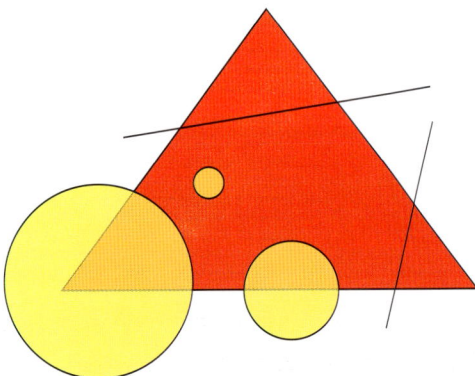

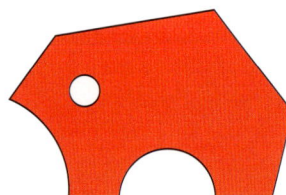

Defnyddiwyd y rheolau hyn i gynhyrchu set o anifeiliaid hawdd-eu-gwneud ar gyfer tegan plentyn

Edrych Ar Waith Dylunwyr Enwog

Mae llawer o ddylunwyr y gorffennol a'r presennol sy'n ysbrydoli dylunwyr eraill. Ystyriwch Charles Rennie Mackintosh, Phillipe Starck, James Dyson, Frank Lloyd Wright ac Ettore Sottsass fel man cychwyn.

Ysbrydolwyd y tlws crog arian modern gan addurn drws a ddyluniwyd gan Mackintosh yn 1903.

Defnyddio Modelu

Yn aml, bydd gweithio mewn 3D yn creu syniadau gwahanol iawn i'r rhai a geir wrth eistedd i lawr gyda phapur a phensil. Rhowch gynnig ar un o'r technegau hyn er mwyn dylunio darn o ddodrefn:
- Defnyddio gwellt celf a cherdyn yn unig
- Torri a phlygu o un darn o gerdyn
- Defnyddio plastisin a cherdyn
- Defnyddio gwifren a thameidiau o ffabrig

Crëwyd y cynllun bwrdd modern hwn o ganlyniad i fodelu gyda gwellt celf.

Gweithio Gyda Gridiau

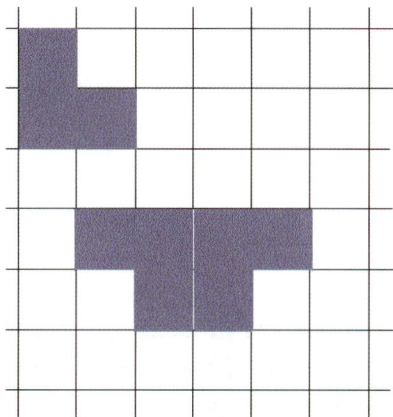

Defnyddiwch bapur sgwariau a thorrwch siapiau unfath o bapur lliw. Arbrofwch drwy eu hailadrodd, er mwyn gweld pa batrymau y gellir eu gwneud. A oes posibiliadau ar gyfer dodrefn modiwlaidd? System storio? Gemwaith neu degan adeiladu?

Cyflwyno Syniadau

Pa bynnag ddull a ddewiswch ar gyfer cynhyrchu eich syniadau, bydd angen i chi eu cyflwyno er mwyn i'r safonwr eu gweld. Mae'r dalennau syniadau gorau yn llawn lluniadau a nodiadau. Gallech ludio syniadau o nifer o ddalennau at ei gilydd i wneud trefniant diddorol. Os defnyddiwch bennau llinell fain neu belen bwynt i luniadu, mae'n hawdd llungopïo dalen sy'n cynnwys darnau wedi'u gludio. Gallech ychwanegu rhywfaint o liw neu dôn i wella'ch lluniadau, ond nid yw hynny'n bwysig iawn ar hyn o bryd.

Os ydych chi wedi defnyddio modelu i greu syniadau bydd angen i chi naill ai eu lluniadu neu dynnu llun ohonynt gyda chamera. Mae'n debyg mai camera digidol fyddai orau, os gallwch gael gafael ar un.

Peidiwch â phoeni am safon eich lluniadau ar hyn o bryd. Yr hyn sy'n bwysig yw amrywiaeth a dichonoldeb eich syniadau. Bydd ychwanegu nodiadau yn helpu'r safonwr i ddeall eich ffordd o feddwl.

Beth Ddylwn i ei Ysgrifennu?

Dechreuwch drwy ddangos pa ddefnyddiau y gellid eu defnyddio, yn eich barn chi, ar gyfer pob syniad. Sut fyddech chi'n eu torri a'u siapio?

Mae'n bwysig eich bod chi'n gwerthuso'ch syniadau yn erbyn eich manyleb ddylunio. A oes gan unrhyw un ohonynt wendidau mawr?

Faint O Syniadau Ydw i Eu Hangen?

Does dim ateb i'r cwestiwn hwn, mewn gwirionedd. Mae rhwng pump a deg syniad sylfaenol yn hen ddigon. Efallai na fyddwch yn gallu meddwl am fwy nag un neu ddau. Os felly, mae'r cam nesaf yn bwysicach fyth.

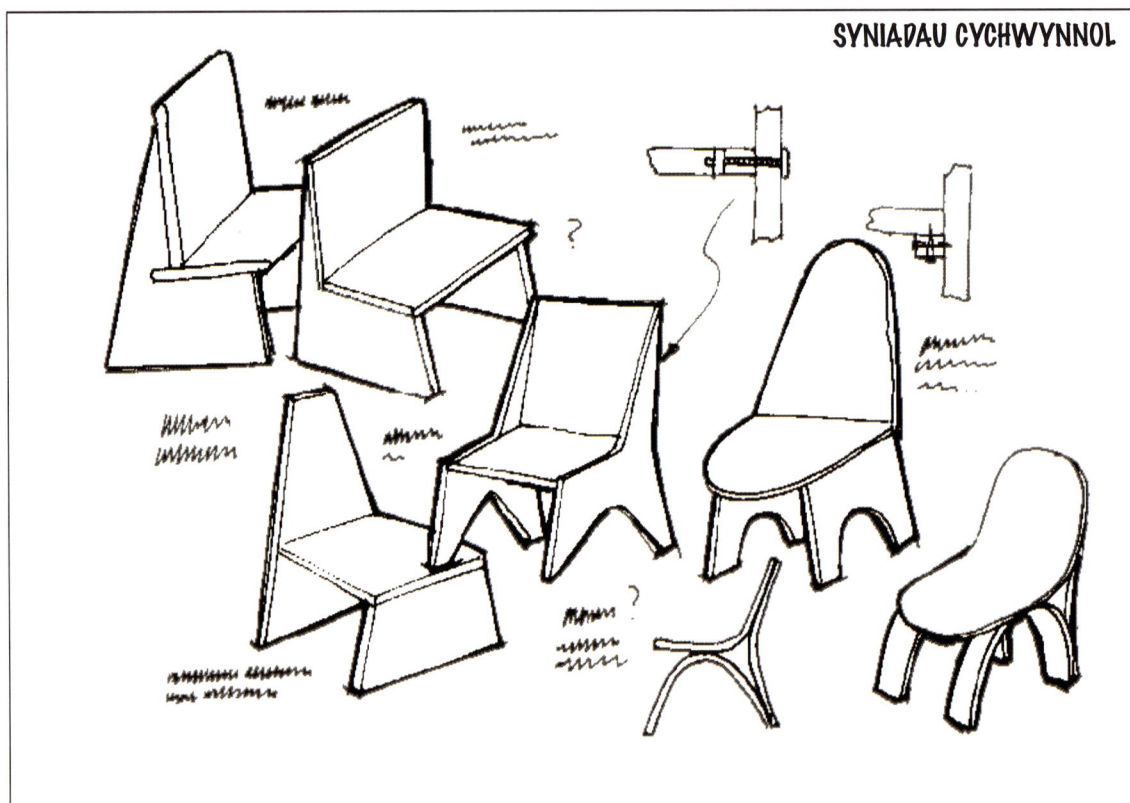

SYNIADAU CYCHWYNNOL

Mae'n bosibl y bydd gennych ddwy ddalen neu ragor o syniadau cychwynnol, ond cadwch lygad ar yr amser. Mae angen i chi symud ymlaen tuag at weithgynhyrchu eich syniad terfynol.

Bydd angen i'r safonwr weld pam y dewisoch ddatblygu syniad penodol. Bydd angen i chi egluro hyn drwy werthuso'r syniadau cychwynnol a sicrhau bod y syniad a ddewiswyd gennych yn cwrdd â'ch manyleb dylunio.

Sut Ydw i'n Datblygu Fy Syniadau?

Un ffordd yw trwy luniadu eich syniad ar ddalen newydd. Yna lluniadwch ef eto gan wneud un newid yn unig. Lluniadwch yr ail ddyluniad eto a gwnewch un newid arall. Bydd yn dechrau esblygu'n ddalen llawn lluniadau.

Faint o Fanylion Sydd Angen eu Dangos?

Cyn bo hir, bydd angen i chi gyflwyno'ch dyluniad ar ffurf y gall rhywun arall ei dilyn a'i gwneud. Heb os, bydd angen i chi gyflwyno'ch syniadau i'ch athro neu athrawes, a fydd o bosibl yn rhoi cyngor i chi ar weithgynhyrchu. Byddwch yn barod i newid eich syniad yn sylweddol, a hyd yn oed i fynd yn ôl gam os bydd rhaid. Bydd gan eich athro neu athrawes lawer mwy o brofiad gweithgynhyrchu ac mae'n bosibl y bydd yn gallu gweld mannau lle bydd problemau'n codi'n ddiweddarach. Gwrandewch ar eich athro neu athrawes, a chofiwch ymateb i'r cyngor a roddir!

Barn Pobl Eraill

Mae'n amser da i ofyn barn pobl eraill ar hyn o bryd, yn enwedig os holwyd y bobl hynny yn ystod yr ymchwilio. Nodwch unrhyw newidiadau a awgrymir.

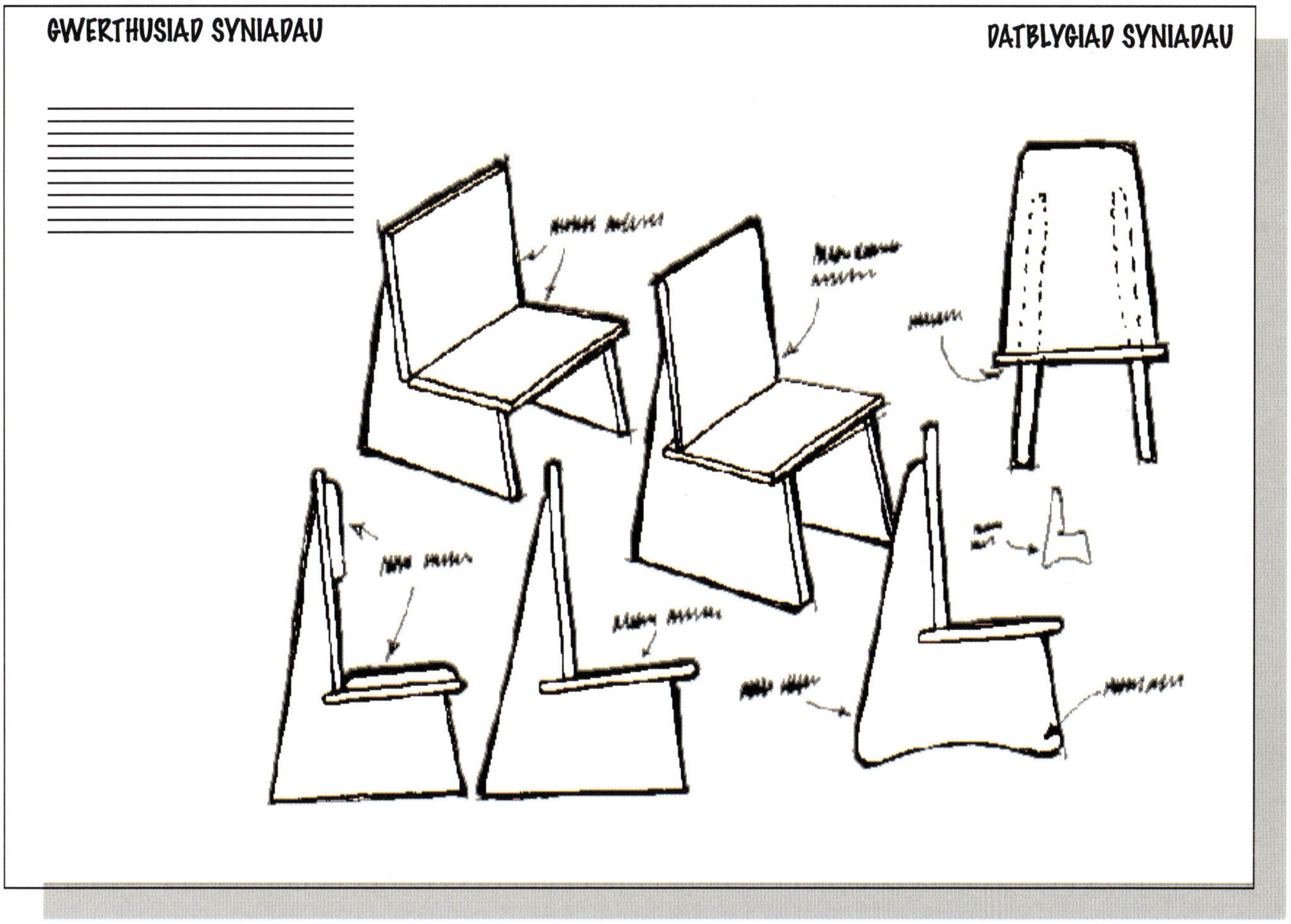

GWERTHUSIAD SYNIADAU

DATBLYGIAD SYNIADAU

Modelu Eich Syniad Gorau

Gall gwneud model wrth raddfa yn y cam hwn eich helpu i roi trefn derfynol ar eich manylion adeiladu. Mae'n bosibl y bydd angen i chi brofi rhai o'r dulliau cynhyrchu ar faint llawn. Yn aml, y defnyddiau gorau ar gyfer modelu yw cerdyn, MDF 3mm, gwifren ac ati.

Pa Raddfa Ddylwn i ei Defnyddio?

I raddau helaeth, mae hynny'n dibynnu ar y cynnyrch yr ydych yn ei ddylunio. Yn aml, defnyddir cerdyn rhychiog i wneud modelau maint llawn o ddodrefn. Gellir defnyddio papurau newydd wedi eu rholio a thâp adlynol i brofi adeiladweithiau ffrâm.

Cynnal Profion

Nid oes rhaid i brofion fod yn gymhleth. Rhaid iddynt fod yn synhwyrol. Allwch chi roi trefn derfynol ar:

* ddimensiynau eich dyluniad?
* y dulliau adeiladu?
* y defnyddiau y byddwch yn eu defnyddio?
* y manylion hyn gyda'r defnyddiwr arfaethedig?

Byddwch yn barod i symud cam yn ôl os gwelwch fod problemau'n codi gyda'ch dyluniad.

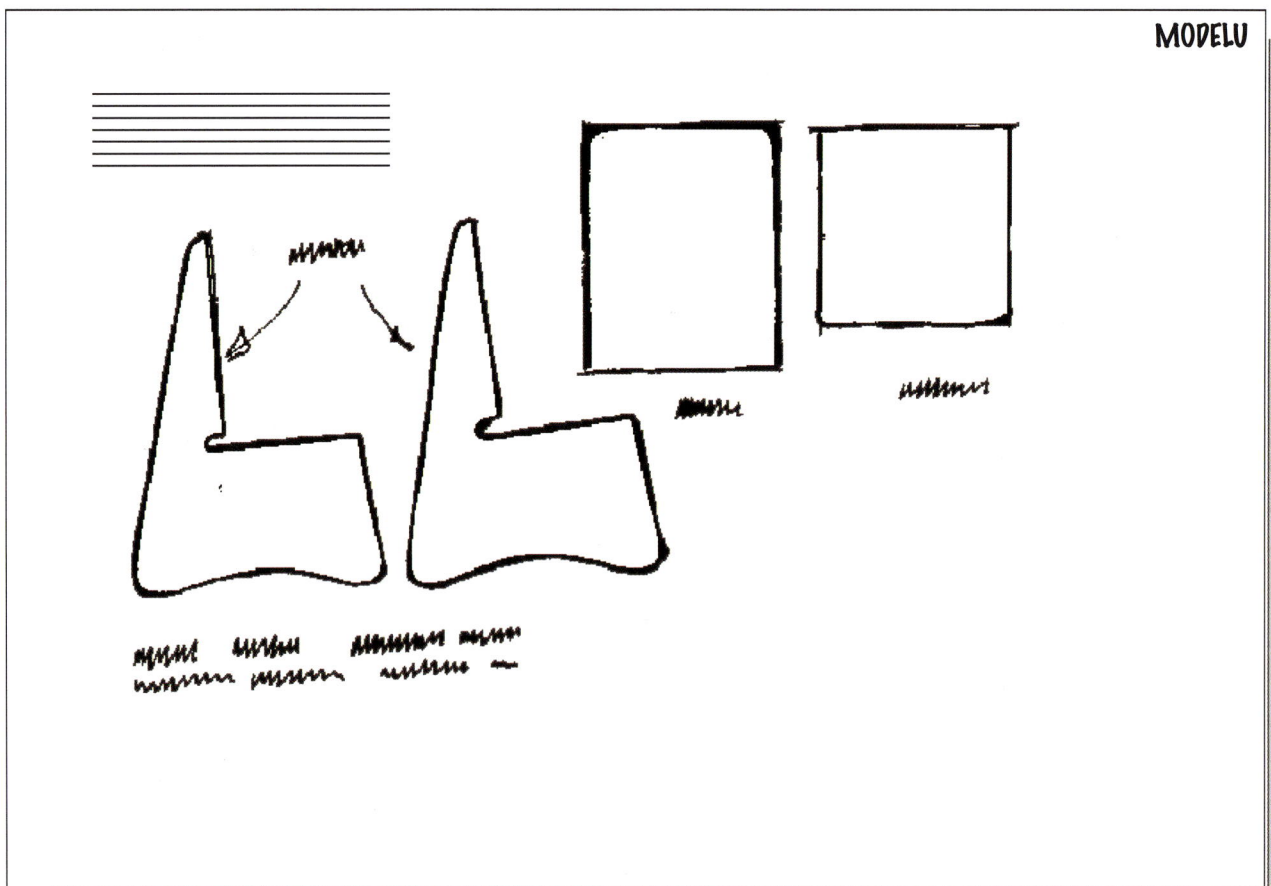

MODELU

Mae'n bwysig iawn cofnodi'r cam hwn. Eglurwch sut yr aethoch ati i fodelu a chynnal profion ar eich dyluniad. Defnyddiwch ffotograffau i sicrhau bod y safonwr yn gallu gweld y gwaith a wnaethoch gan nad yw modelau'n para'n hir, fel rheol, mewn amgylchedd gweithdy.

Bydd eich cynlluniau'n amrywio'n fawr, gan ddibynnu ar y project. Byddwch yn eu defnyddio ynghyd a'ch lluniadau a / neu fodelau. Y ffordd orau o gyflwyno'r wybodaeth hon yw drwy ddefnyddio siart llif.

Symbolau Siart Llif

Mae siart llif yn dangos trefn y tasgau y mae'n rhaid eu cyflawni, hynny yw, y gyfres o ddigwyddiadau sy'n ffurfio'r broses gynhyrchu. Mae gwahanol symbolau penodol ar gyfer pob cam o'r broses. Dangosir rhai ohonynt isod.

Mae TERFYNIAD yn cynrychioli dechrau, ailddechrau, aros.

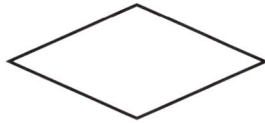

Mae PENDERFYNIAD yn cynrychioli dewis a all arwain ar hyd llwybr arall.

Mae PROSES yn cynrychioli cyfarwyddyd neu weithred benodol.

Mae MEWNBWN/ALLBWN yn cynrychioli ychwanegu at neu dynnu i ffwrdd o'r broses benodol.

Cysylltir y symbolau â saethau sy'n dangos trefn gywir y digwyddiadau.
Dylid anelu at wneud siart llif sydd mor syml a chlir â phosibl.

Enghraifft o Siart Llif

Mae'r enghraifft hon yn dangos ymddangosiad posibl cynllun cynhyrchu ar gyfer un gydran. Dechreuwch gyda'r symbol cywir bob tro. Defnyddiwch betryal i ddangos pob cam, gyda chyfarwyddiadau sy'n glir ac yn hawdd eu dilyn. Bydd angen i chi wneud profion gwirio ansawdd. Beth fydd y profion hynny? Rhaid gwneud penderfyniad wrth wirio ansawdd, ac felly defnyddir siâp diemwnt. Bydd angen i chi gynnwys dolennau adborth os bydd unrhyw beth o'i le. Yn yr achos hwn, byddai'n rhaid i chi fynd yn ôl un cam neu fwy fel y gellir newid rhan o'r broses cyn symud ymlaen eto.

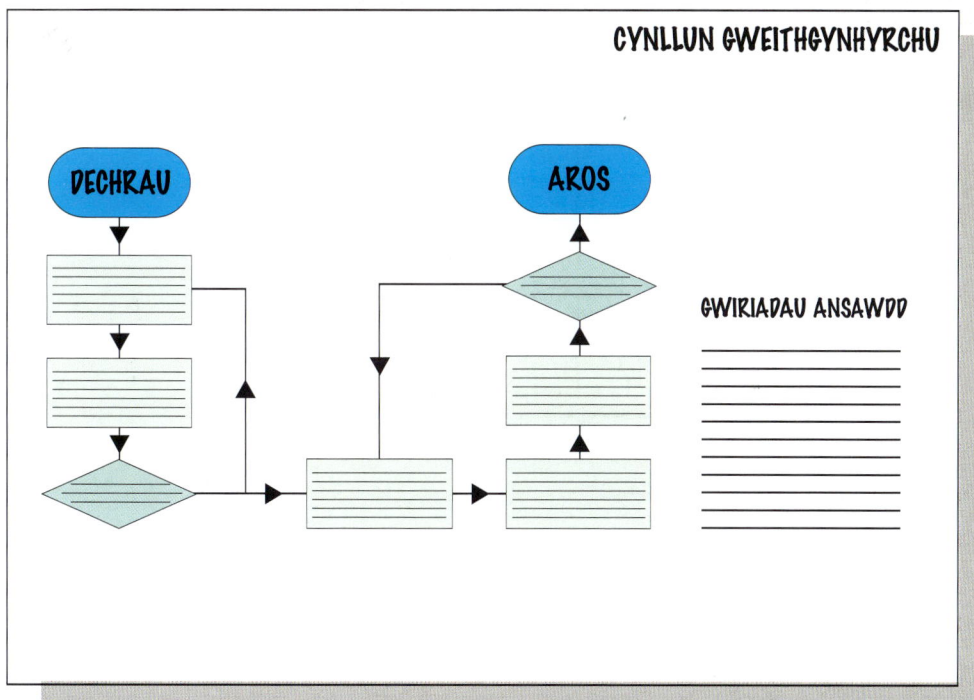

CYNLLUN GWEITHGYNHYRCHU — DECHRAU — AROS — GWIRIADAU ANSAWDD

Peidiwch â defnyddio lluniadau, yn enwedig clipluniau, i ddarlunio'ch cynlluniau. Ni fyddai hynny'n digwydd ym myd diwydiant!

Gallech gynnwys ffotograffau digidol i ddarlunio rhai gweithrediadau cymhleth. Defnyddir y dechneg hon ym myd diwydiant weithiau, yn enwedig pan geir anawsterau ieithyddol.

Cynllunio Drwy Gymorth Cyfrifiadur

Defnyddir mwy a mwy o Gynllunio Drwy Gymorth Cyfrifiadur mewn projectau gwaith cwrs. Os yw'n bosibl, dylech geisio defnyddio rhywfaint o CAD ar gyfer o leiaf rhan o'ch dyluniad terfynol.

Anaml iawn y bydd dylunwyr yn defnyddio cyfrifiaduron ar gyfer camau cyntaf eu gwaith dylunio. Mae pen neu bensil yn llawer cyflymach ac ystyrir yn aml ei fod yn fwy creadigol. Mae'n rhan hanfodol o'r cam datblygu yn y rhan fwyaf o feysydd dylunio, fodd bynnag.

Diffinio Cynnyrch Electronig

Mae hwn yn derm diwydiannol sy'n golygu, yn syml, bod pob agwedd ar gynnyrch yn cael ei rhoi ar gyfrifiadur. Mae hyn yn galluogi ystod o bobl i weithio ar y cynnyrch ar yr un pryd. Er enghraifft, mae peirianyddion yn gallu dadansoddi a chynnal profion ar yr adeiladwaith, tra bo'r tîm cynhyrchu yn gallu dechrau cynllunio'r offer a'r adran gyllid yn gallu penderfynu beth fydd y gost derfynol.

Defnyddio CAD yn eich Project

Gallech ddefnyddio CAD i:
- wneud patrymluniau fel y gallwch dynnu llinell o'u hamgylch ar y defnyddiau yr ydych yn bwriadu eu torri allan.
- gwella cywirdeb ac eglurder eich lluniadau.
- creu'r data rhifiadol er mwyn ei ddefnyddio ar beirianwaith CNC.

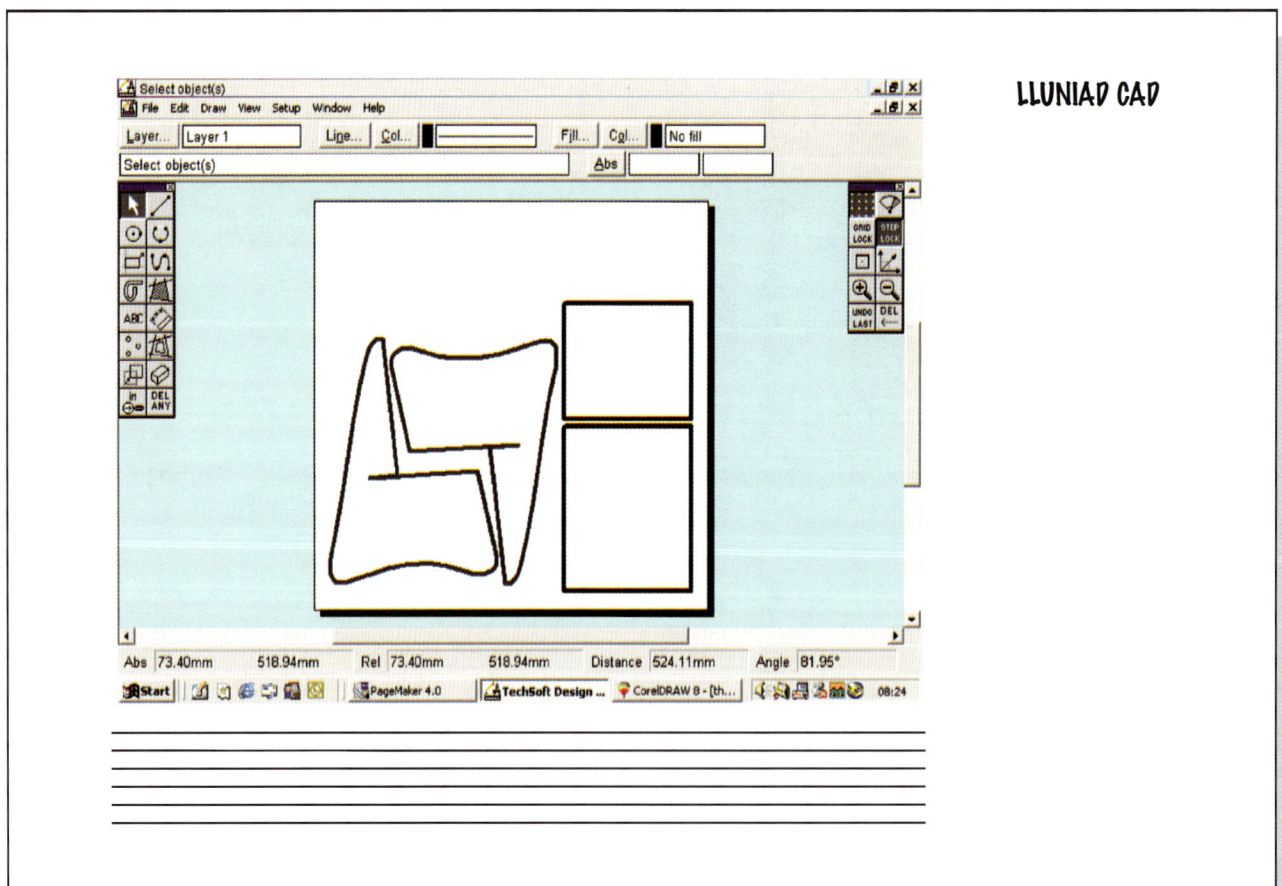

LLUNIAD CAD

Cynlluniwyd y dyluniad hwn fel y gellir defnyddio llwybrydd CNC i dorri allan prif adeiladwaith y gadair. Edrychwch ar y ffordd y lleolwyd y darnau er mwyn gwneud y mwyaf o'r defnydd. Gelwir hyn yn 'nythu'.

Gludiwyd llun o'r sgrin ar y ddalen ac yna fe'i anodwyd fel y gall y safonwr ddeall y cam hwn. Gellid bod wedi defnyddio argraffydd neu blotydd i gynhyrchu lluniad gweithio.

Dyma un rhan o'ch ffolder dylunio lle byddai'n werth treulio amser yn cyflwyno lluniad arbennig o dda. Gallai hwn fod yn lluniad CAD neu'n un sy'n defnyddio offer lluniadu.

Cynigion Dylunio

Beth sydd ei angen? Mae'n annhebygol y bydd yr holl wybodaeth yn cael ei chynnwys ar un ddalen yn unig. Bydd eich cynnig dylunio'n cynnwys lluniadau cynhyrchu, eich cynlluniau a phob darn o wybodaeth sydd ei angen er mwyn galluogi rhywun arall i wneud eich dyluniad o'r cam cyntaf.

Lluniadau Cyflwyno

Mae'n bwysig bob amser bod eich athro neu athrawes a'r safonwr yn deall at beth yr ydych chi'n anelu. Un ffordd o wneud hyn yw drwy gyfrwng lluniad 3D eglur iawn. Mae modelu yn ddull arall, ond yn aml mae'n cymryd mwy o amser.

Pro/DESKTOP

Dyma feddalwedd sydd ar gael i bob ysgol yn rhad ac am ddim, a gellir trefnu ei bod ar gael i fyfyrwyr. Mae'r feddalwedd hon yn caniatáu i chi fodelu eich dyluniad mewn 3D llawn a defnyddio unrhyw ddefnydd i'w rendro. Rhaid treulio amser yn dysgu sut i'w defnyddio, ond os oes gennych y sgiliau, dyma'r amser i ddangos hynny! Dyma'n union sut mae dylunwyr cynnyrch masnachol yn gweithio.

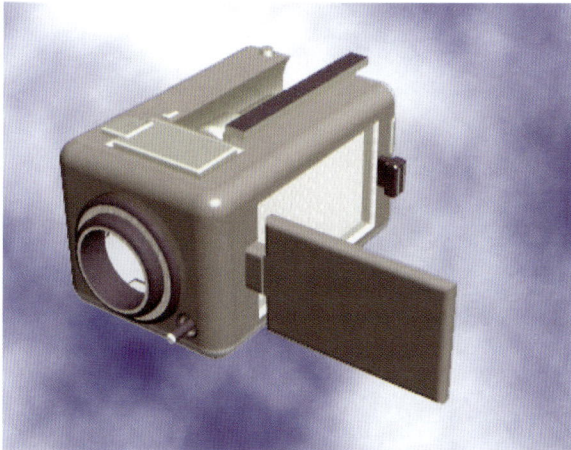

Lluniad Pro/DESKTOP wedi'i rendro'n llawn

CYNNIG DYLUNIO

Mae lluniadau cyflwyno yn caniatáu i chi ddangos gwahanol ddewisiadau lliw a manylion, fel clustogwaith. Gallech lynu samplau defnydd, siartiau paent ac ati wrth y gwaith.

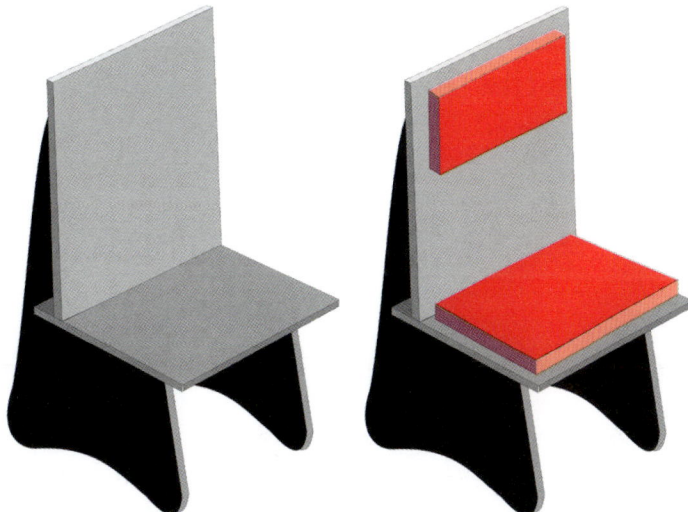

Dylid gwerthuso ym mhob cam o'r broses ddylunio, a bydd y safonwr yn chwilio am dystiolaeth o hyn. Mae'n arferol cynnwys adroddiad gwerthuso terfynol sy'n crynhoi popeth a wnaethoch, pa mor llwyddiannus yw'r prototeip, i bob golwg, a pha welliannau y mae'n rhaid eu gwneud cyn dechrau cynhyrchu'n fasnachol.

Gwerthuso'r Prototeip Terfynol

Dylai gwerthusiad gynnwys adolygiad o'ch cynnyrch terfynol, drwy ddefnyddio eich barn i asesu llwyddiant y dyluniad. Mae gofyn am farn pobl eraill yn rhan bwysig o'r broses hon. Byddai ateb y cwestiynau canlynol yn fan cychwyn da:

- A yw eich cynnyrch yn hawdd ei ddefnyddio, yn eich barn chi?
- A yw'n gweithredu fel y dylai?
- Beth ydych chi'n ei feddwl o arddull y cynnyrch?
- A ydych chi'n hoffi neu'n casáu unrhyw nodweddion? Eglurwch pam.
- A fyddech chi'n prynu'r cynnyrch hwn ac, os felly beth fyddech chi'n disgwyl ei dalu am gynnyrch o'r fath?
- Beth yw'r prif fanteision neu anfanteision o'u cymharu â chynnyrch tebyg?

Manyleb

Dylech brofi eich cynnyrch yn erbyn y fanyleb wreiddiol. Gwiriwch eich prototeip yn erbyn pob un o'r meini prawf ar eich rhestr wreiddiol. A oedd y fanyleb yn gywir? A oedd angen i chi ei hadolygu wrth i'r gwaith symud ymlaen? Gallai siart syml fod o gymorth.

MEINI PRAWF Y FANYLEB	PRAWF NEU GWESTIWN	CANLYNIADAU AC ESBONIADAU
Rhaid iddo blygu'n fflat.	Pa mor fflat aeth y cynnyrch?	Roedd yr uchder yn 77mm, a oedd yn uwch na'r disgwyl. Anghofiais gymryd maint y traed i ystyriaeth.

Gofynnwch i bobl eraill ysgrifennu eu sylwadau ar siart tebyg.

Mae cynnal profion ar eich cynnyrch yn rhan bwysig o'r gwerthuso.

Cynnal Profion

Mae cwmnïau'n cynnal llawer iawn o brofion cyn dechrau cynhyrchu'n derfynol. Weithiau, mae hyn yn cynnwys dinistrio prototeipiau fel rhan o'r pawf.

Rhaid i chi sicrhau nad yw eich prototeip yn cael ei niweidio cyn i'r safonwr ei asesu. Dylech fod wedi cynnal profion o'r math hwn yn ystod cam cynharach, os ydych yn credu ei fod yn angenrheidiol.

Dylech geisio trefnu profion yn y maes. Mae profion o'r math hwn yn dyblygu'r defnydd go iawn a wneir o'r cynnyrch gymaint â phosibl.

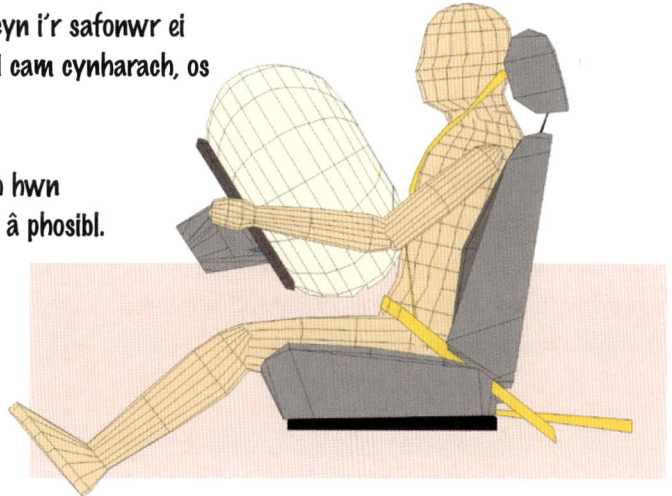

Gofynnwch i blant brofi teganau ac offer chwarae. Gwnewch yn siŵr nad ydynt yn brifo'u hunain a bod oedolyn yn goruchwylio'r prawf bob amser.

Chwiliwch am farn ystod eang o bobl. Cofiwch fod cynhyrchion yn cael eu prynu ar gyfer defnyddwyr eraill yn aml. Pwy yn union fyddai'n talu am y cynnyrch?

Os yw'n hawdd ei gludo, ystyriwch ddangos eich cynnyrch i siopau perthnasol. A allent werthu cynnyrch o'r fath? Pa bris fyddent yn disgwyl ei godi am gynnyrch o'r fath?

Nid yw dyluniad perffaith yn bodoli. Gellir gwella pob cynnyrch. Er gwaetha'r holl amser a'r ymdrech sydd eu hangen ar gyfer dylunio a gwneud eich prototeip, bydd lle i wella.

Addasiadau Angenrheidiol

Y cam cyntaf yw ymateb i'r profion a barn pobl eraill. Fel rheol, nid yw materion megis lliw yn bwysig iawn, ac nid oes angen mwy na sylw byr gennych. Os bydd gan eich dyluniad broblemau mawr, yna bydd rhaid i chi ymateb mewn mwy o fanylder.

Nid yw problemau mawr yn golygu y bydd eich gradd yn wael. Gallech ennill marc uchel hyd yn oed os yw eich cynnyrch yn fethiant llwyr. Bydd angen i chi wneud awgrymiadau difrifol ar gyfer gwella'r dyluniad, ac o bosibl bydd rhaid i chi gynhyrchu lluniadau manwl neu fodelau. Bydd rhaid i chi sicrhau eich bod yn gadael digon o amser i ganiatáu gwerthusiad llawn. Mae llawer o fyfyrwyr yn anghofio gwneud hyn. Yn y cam hwn, bydd gwaith dylunio yn cael ei asesu dan nifer o benawdau ac felly mae'n cyfrannu llawer at eich gradd gyffredinol.

Addasiadau Ar Gyfer Cynhyrchu

Dyma faes arall y bydd rhaid i chi ei ystyried. Yn gyntaf, rhaid trefnu cyfarfod gydag arbenigwr (ie, eich athro neu athrawes!). Dylent allu eich helpu i ateb rhai o'r cwestiynau. Gwnewch awgrymiadau ynglŷn â'r prosesau y gellid eu defnyddio pe bai eich cynnyrch yn cael ei gynhyrchu'n fasnachol. Ni fydd sylwadau megis 'Baswn i'n defnyddio CAD / CAM' yn ennill marciau. Bydd angen i chi esbonio eich dealltwriaeth ddiwydiannol.

Gofynnwch y cwestiynau canlynol i chi eich hun:

- A fyddent yn defnyddio'r un defnyddiau ag a ddefnyddiais i ar gyfer fy mhrototeip?
- A fyddai'r dulliau adeiladu'r un fath?
- Sut byddai'r gorffeniadau arwyneb yn wahanol i orffeniadau fy mhrototeip?
- A allaf wneud newidiadau i'r dyluniad a fyddai'n lleihau'r costau cynhyrchu?
- A oes lle i awtomeiddio rhannau o'r broses weithgynhyrchu?
- A allaf leihau nifer y gwahanol gydrannau yn fy nyluniad?

Heb os, byddai rheolwr cynhyrchu yn ystyried y materion hyn a hefyd yn meddwl am y cymhorthion cynhyrchu y byddai eu hangen.

Allwch chi feddwl am unrhyw gymhorthion a fyddai'n eich helpu pe bai angen i chi wneud deg prototeip neu fwy yn union yr un fath a'i gilydd?

Sut fyddech chi'n torri'r darnau heb eu mesur bob yn un?

Sut gellid drilio tyllau heb eu marcio bob yn un?

Er mai dim ond un cynnyrch terfynol y byddwch yn ei gynhyrchu o'ch dyluniad, mae'n bwysig eich bod chi'n ymwybodol o'r dulliau gwahanol o gynhyrchu ac o'r ffordd y gellid cynhyrchu eich dyluniad chi'n fasnachol. Dylech egluro hyn yn eich ffolder dylunio.

Cynhyrchu 'Mae Angen Un'

Mae hyn yn digwydd pan wneir un cynnyrch ar un adeg benodol. Gallai fod yn brototeip neu'n wrthrych cymhleth iawn.

Fel arfer mae cynhyrchu 'mae angen un' yn cymryd llawer o amser, sy'n golygu bod y cynnyrch yn ddrud, yn aml.

Mae uned arddangos ar gyfer stondin arddangosfa yn nodweddiadol o'r math yma o gynhyrchu.

Swp-gynhyrchu

Mae cyfres o gynhyrchion (pob un yr un fath) yn cael eu gwneud ar yr un pryd mewn niferoedd bach neu fawr.

Ar ôl eu creu, gall cyfres arall o gynhyrchion gael ei chynhyrchu gan ddefnyddio'r un cyfarpar a gweithlu.

Mae stôl yn nodweddiadol o'r math hwn o gynhyrchu.

Masgynhyrchu

Yn ystod y broses hon, rhaid i gynnyrch ddilyn nifer o gamau ar linell gynhyrchu lle mae gweithwyr sy'n gweithio ar gam penodol yn gyfrifol am ran arbennig o'r cynnyrch.

Mae hyn yn golygu bod y cynnyrch yn cael ei gynhyrchu fel rheol am ddyddiau, neu hyd yn oed wythnosau, a bod llawer yn cael eu cynhyrchu ar yr un pryd.

Mae'r math hwn o gynhyrchu yn golygu bod y cynnyrch yn gymharol rad, ond gallai'r cynhyrchu beidio pe bai problem yn codi yn ystod unrhyw un o'r camau cynhyrchu.

Mae car yn nodweddiadol o'r math hwn o gynhyrchu.

Cynhyrchu Parhaol

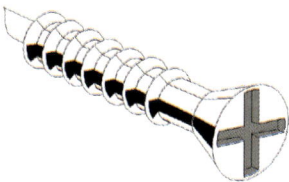

Mae cynhyrchu parhaol yn digwydd pan gynhyrchir y cynnyrch yn ddi-dor am gyfnod o oriau, dyddiau neu flynyddoedd, hyd yn oed.

Yn aml iawn, mae'r math hwn o gynhyrchu yn golygu bod y cynnyrch yn gymharol rad.

Mae sgriwiau pren yn nodweddiadol o'r math hwn o gynhyrchu.

Cynhyrchu 'Mewn Union Bryd'

Yn ystod y broses hon mae darnau cydrannol yn cyrraedd ar yr union adeg pan fydd eu hangen yn y ffatri.

Does dim angen cymaint o le storio ar 'mewn union bryd', sy'n arbed y gost o storio mewn warws.

Fodd bynnag, os yw cyflenwad y cydrannau'n stopio mae'r llinell gynhyrchu'n stopio, sy'n broses ddrud.

Braslunio Llawrydd

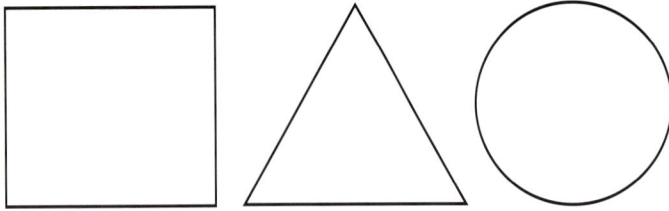

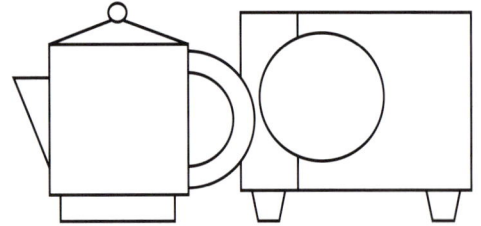

Ewch i'r arfer o luniadu petryalau, trionglau a chylchoedd. Dyma elfennau sylfaenol llawer o gynhyrchion sydd wedi eu gweithgynhyrchu. Os cyfunwch y siapiau hyn, gallwch dynnu llun bron popeth. Defnyddiwch ben llinell fain neu belen bwynt yn hytrach na phensil (ni allwch ddileu llinellau ac felly byddwch yn cael eich gorfodi i fod yn fwy gofalus wrth weithio).

Cawellu

Mae'r dull yma'n cymryd mwy o amser ond yn eich cynorthwyo i fraslunio gwrthrychau mewn tri dimensiwn (3D). Os nad ydych chi'n gallu tynnu llinellau syth, yna byddai'n syniad da defnyddio pren mesur wrth ddefnyddio'r dechneg hon.

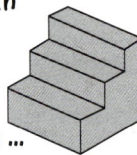

AWGRYMIADAU
Peidiwch â defnyddio'r dechneg hon yn eich arholiad os gofynnir i chi wneud braslun llawrydd.

Os ydych chi'n dymuno lluniadu'r gwrthrych yma ...

1 Yn gyntaf, lluniadwch eich cawell (blwch). Byddwch chi'n lluniadu'r gwrthrych y tu mewn i'r gawell.

LLINELLAU LLUNIO

LLINELLAU CUDD
(wrth edrych drwy'r gwrthrych)

2 Lluniadwch un ochr o'r gwrthrych ar un plân o'r gawell.

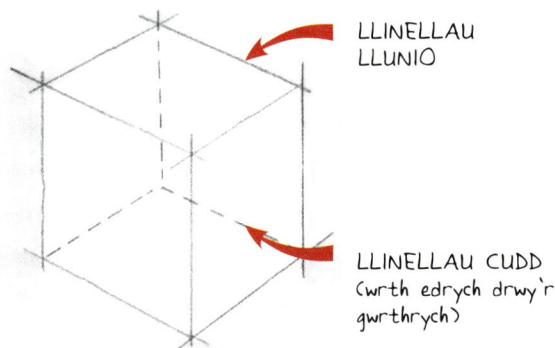

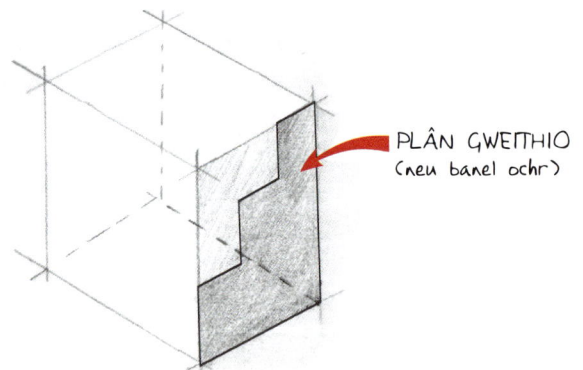

PLÂN GWEITHIO
(neu banel ochr)

3 Adlewyrchwch y panel ochr ar blân cyferbyn y gawell a lluniadwch yr un siâp.

AWGRYMIADAU
Gadewch linellau'r gawell yno - mae'n dangos i'r arholwr sut aethoch chi ati i wneud eich lluniad.

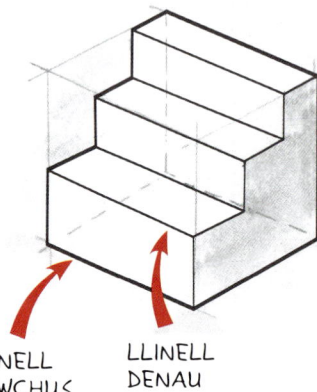

4 Cwblhewch y lluniad drwy dynnu llinellau rhwng un plân a'r llall.

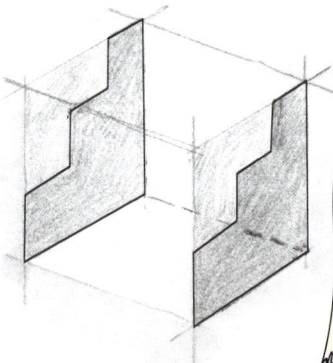

AWGRYMIADAU
Dylid defnyddio llinell drwchus i gysylltu dau o wynebau'r gwrthrych (mae un o'r wynebau'n guddiedig). Fel arall, rhaid defnyddio llinell denau.

LLINELL DRWCHUS

LLINELL DENAU

Ystyr rendro yw lliwio a thywyllu gwrthrych er mwyn gwneud iddo edrych yn fwy real.

Tôn

Mae tôn yn ymwneud â golau a thywyllwch, ac mae'n gallu creu'r argraff o wrthrych 3D. Mae'n gallu bod yn arbennig o effeithiol mewn du a gwyn, a hefyd pan geir cyferbyniad cryf rhwng golau a thywyll.

Wrth ychwanegu tôn at luniad, y peth pwysicaf i'w ystyried yw'r cyfeiriad y daw'r golau ohono.

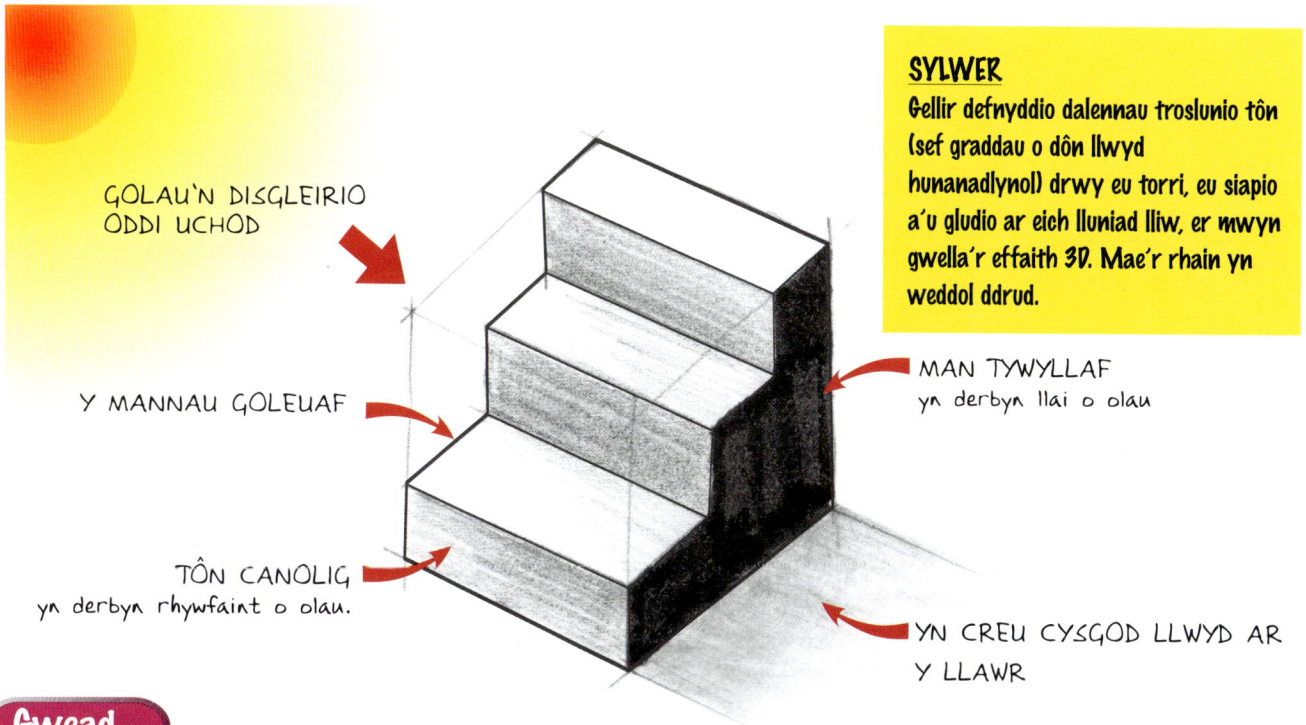

GOLAU'N DISGLEIRIO ODDI UCHOD

Y MANNAU GOLEUAF

TÔN CANOLIG
yn derbyn rhywfaint o olau.

MAN TYWYLLAF
yn derbyn llai o olau

YN CREU CYSGOD LLWYD AR Y LLAWR

SYLWER
Gellir defnyddio dalennau troslunio tôn (sef graddau o dôn llwyd hunanadlynol) drwy eu torri, eu siapio a'u gludio ar eich lluniad lliw, er mwyn gwella'r effaith 3D. Mae'r rhain yn weddol ddrud.

Gwead

Mae gwead yn creu effaith arwyneb arbennig. Drwy ei gyfuno â thôn mae modd creu lluniad sy'n cyfleu nifer o wahanol ddefnyddiau. Gall eich dewis o bapur effeithio ar y gwead, hefyd.

PREN	GARW (CONCRIT)	METEL	PLASTIG / GWYDR	TECSTIL
			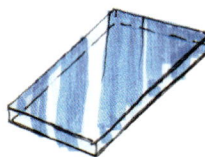	

... yma gellir cael arwyneb
DI-DRAIDD neu DRYLOYW

Er mwyn creu'r effeithiau hyn a datblygu eich techneg eich hun, rhowch gynnig ar gyfuniad o'r canlynol ...

* MARCWYR - Mae'r rhain yn gyflym i'w defnyddio ac yn effeithiol. (Edrychwch ar y darluniau yn y llyfr yma!)

* PASTELI - Yn effeithiol ar gyfer creu tôn - rhaid i chi gofio defnyddio sefydlyn i'w 'sefydlogi' gan eu bod yn anodd eu rheoli ar brydiau. Efallai y bydd angen llenwi graen y papur â thalc cyn dechrau.

* PENSILIAU LLIW - Rhad, ond yn ddull araf. Gellir eu defnyddio gyda marcwyr.

* CHWISTRELLU PAENT - Dull araf deg, crefftus ac effeithiol o gyflwyno syniadau terfynol.

* PAENTIAU - Unwaith eto, yn araf deg ac weithiau'n flêr - mae dyfrlliwiau'n dda ar gyfer creu cefndir lliw.

Techneg luniadu yw tafluniad isometrig sy'n edrych yn gymharol realistig ac yn cael ei defnyddio'n aml i gyfleu gwrthrychau 3D. Ei mantais fwyaf yw ei bod yn eich caniatáu i luniadu gwrthrych 3D wrth raddfa. Mae'r camau canlynol yn dangos sut y gallwch luniadu ciwb syml mewn Isometrig:

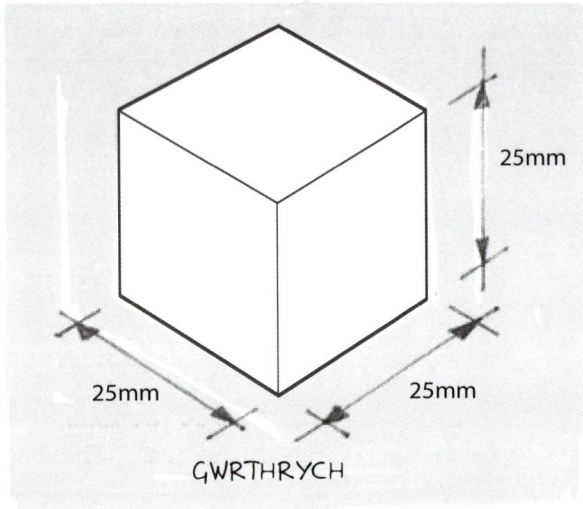

25mm

25mm   25mm

GWRTHRYCH

1

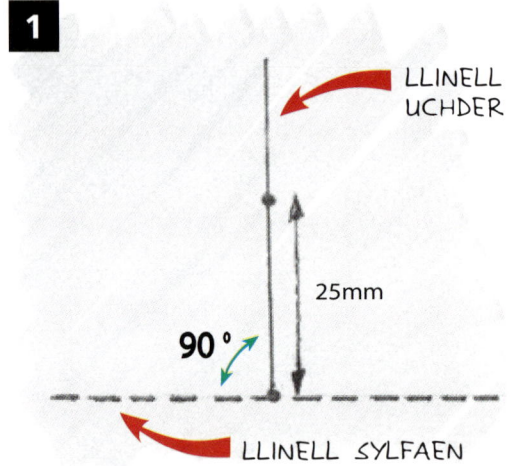

LLINELL UCHDER

25mm

90°

LLINELL SYLFAEN

Lluniadwch y llinell sylfaen a'r llinell uchder ar ongl o 90° - mesurwch 25mm ar y llinell uchder.

2

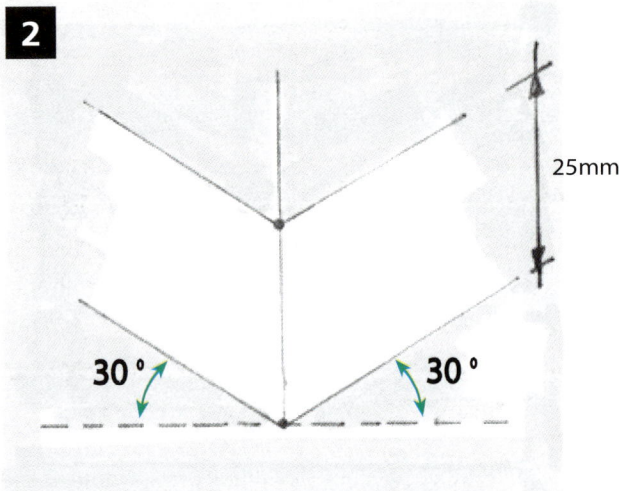

25mm

30°   30°

O'r ddau bwynt yma lluniadwch linellau parallel yn mynd tuag allan ar ongl o 30° â'r llinell sylfaen.

3

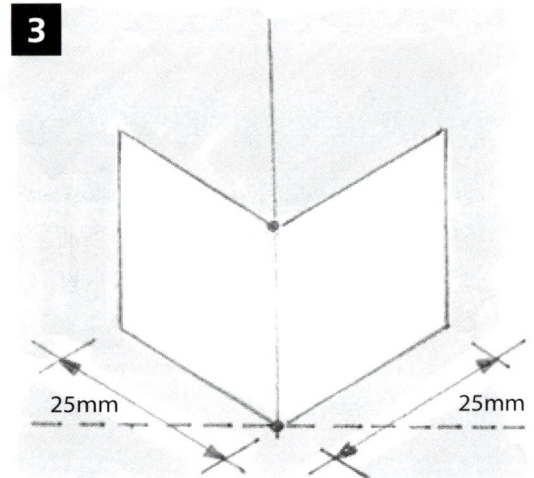

25mm   25mm

Mesurwch 25mm ar y naill ochr a'r llall i'r llinell sylfaen a lluniadwch ddwy linell fertigol - nes eu bod nhw'n cyffwrdd â'r llinellau top.

4

LLINELL UCHDER

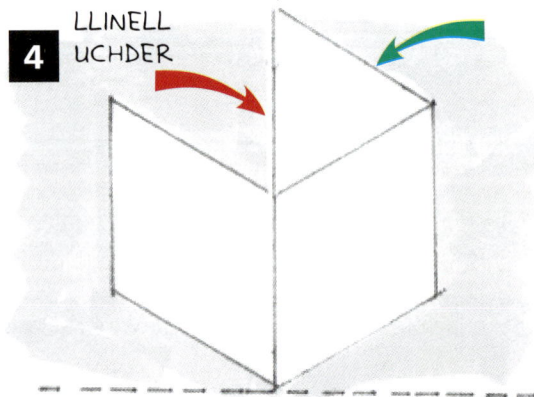

O'r gornel uchaf ar y dde lluniadwch linell yn ôl at y llinell uchder, sy'n baralel â'r ochr flaen ar y llaw chwith.

5

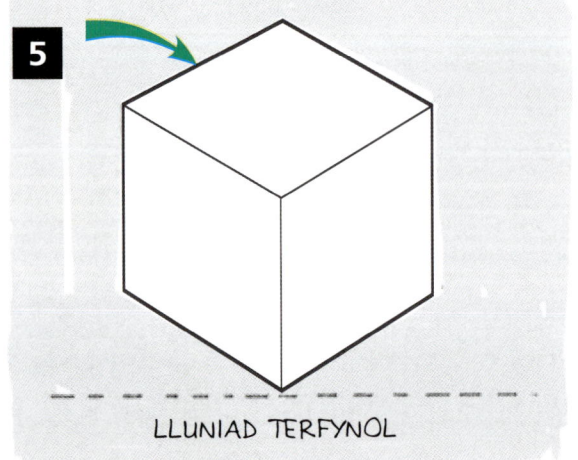

LLUNIAD TERFYNOL

Lluniadwch y llinell olaf yn yr un ffordd, ac yna dilëwch y llinellau llunio y buoch yn eu defnyddio i'ch helpu.

Lluniadu Cylchoedd Mewn Isometrig

Mae cylchoedd mewn isometrig yn ymddangos fel elipsau, a'r ffordd hawsaf o lawer o'u lluniadu yw drwy ddefnyddio patrymlun elips. Er hyn, nid yw'n anodd eu creu os dilynwch y cyfarwyddiadau isod.

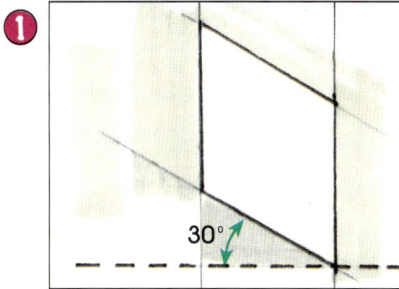

1 Lluniadwch blân sgwâr mewn Isometrig.

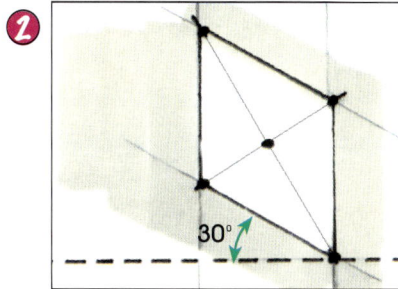

2 Lluniadwch ddwy linell rhwng corneli'r plân.

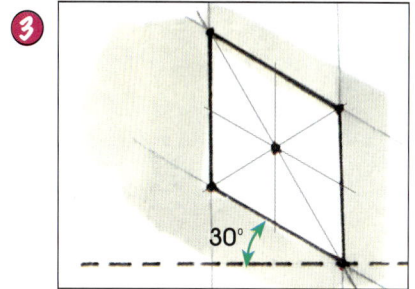

3 Lluniadwch ddwy linell, un yn fertigol drwy ganol y plân a'r llall ar ongl o 30° â'r llinell sylfaen drwy ganol y plân.

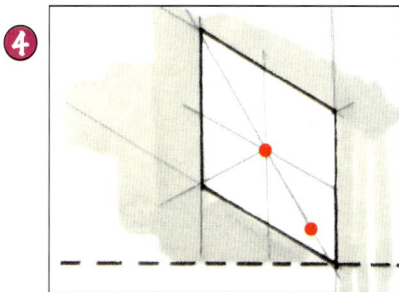

4 Ar y llinell groeslinol plotiwch bwynt $2/3$ o ganol y plân.

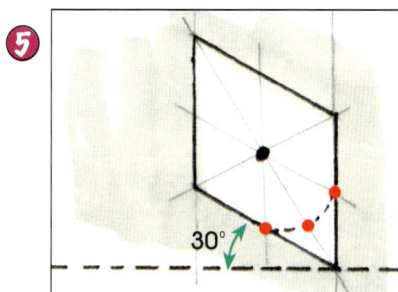

5 Gan weithio'n llawrydd, lluniadwch arc drwy'r **3** phwynt coch uchod.

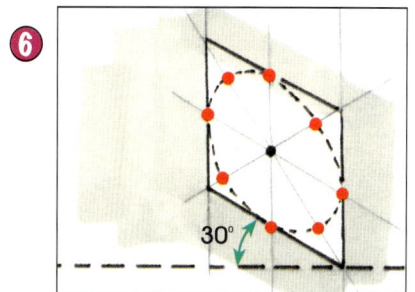

6 Gwnewch hyn dro ar ôl tro o gwmpas y grid nes byddwch wedi gorffen lluniadu'r elips.

Lluniadau Taenedig

Defnyddir lluniadau taenedig i ddangos sut y gosodir gwrthrych at ei gilydd. Mae Dylunwyr a Phenseiri yn defnyddio'r dull yma gan ei fod yn gyflymach na lluniadu mewn persbectif, ac yn eu helpu i ddelweddu ymddangosiad y gwrthrych, a'r ffordd mae'n gweithio.

Dyma lun o finiwr, wedi'i luniadu ar ffurf Isometrig daenedig.
Gadewir y llinellau llunio yn y llun, i ddangos sut y cafodd ei luniadu.

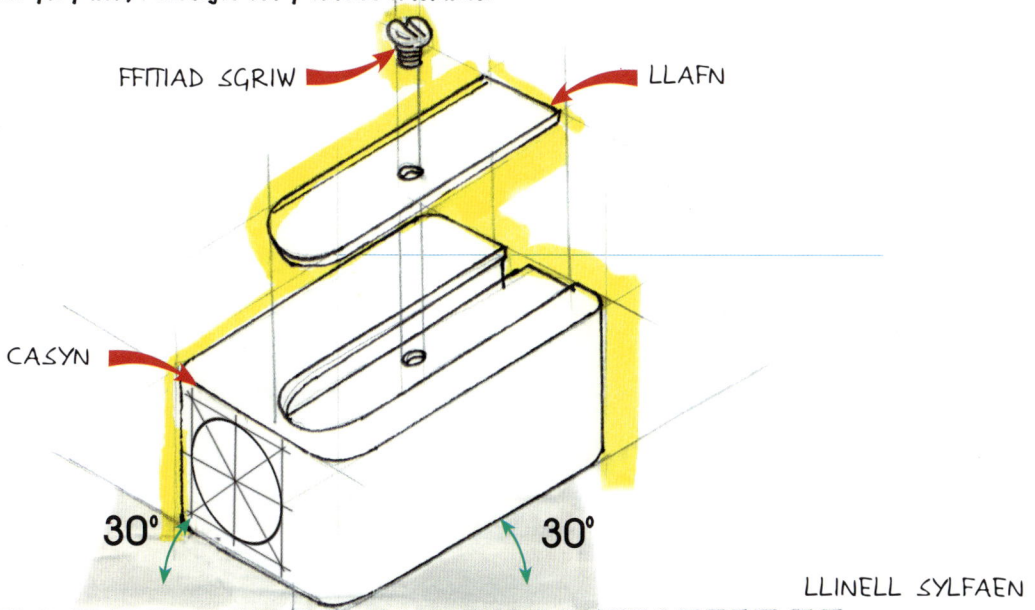

FFITIAD SGRIW — LLAFN — CASYN — 30° — 30° — LLINELL SYLFAEN

Bydd y dylunydd yn rhoi lluniad manwl i'r gwneuthurwr neu'r gwneuthurwr model fel y gall lunio'r gwrthrych. Mae'r lluniadau'n cynnwys y cyfarwyddiadau sy'n angenrheidiol ar gyfer adeiladu prototeip. Dylai pob lluniad a gynhyrchir gynnwys y canlynol:

1. DIMENSIYNAU MANWL GYWIR

2. CYFARWYDDIADAU CYDOSOD

3. RHESTR FANYLEB YN NODI DEFNYDDIAU, LLIWIAU A GORFFENIADAU.

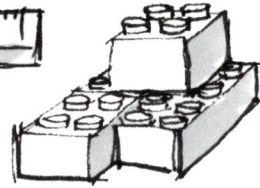

Safonau Lluniadau Gweithio

Mae'r SEFYDLIAD SAFONAU PRYDEINIG (BSI) wedi gosod safonau ar gyfer lluniadau gweithio sy'n cael eu cydnabod gan ddiwydiannau o bob math.

Dyma rai enghreifftiau o'r safonau sylfaenol y bydd angen eu cynnwys yn eich gwaith cwrs TGAU:

1. LLINELLAU

LLINELL DEW DDI-DOR — Ar gyfer amlinellau neu ymylon (gallech ddefnyddio H neu 2H ar gyfer y rhain) lle dim ond un o'r wynebau sy'n ffurfio ymyl sydd yn y golwg.

LLINELL DENAU DDI-DOR — Ar gyfer llinellau tafluniad neu ddimensiwn (gallech ddefnyddio pensil 4H ar gyfer hyn).

LLINELL DENAU GADWYN — Ar gyfer llinellau canol neu linellau cymesuredd.

2. DIMENSIYNU

GOLWG ANGHYFLAWN / RHANOLWG
BWLCH BACH
LLINELL DAFLUNIAD
DIMENSIWN MEWN MILIMETRAU
16
PEN SAETH YN DYNODI TERFYN
30
LLINELL DDIMENSIWN
Ø (DIMENSIYNU DIAMEDR)

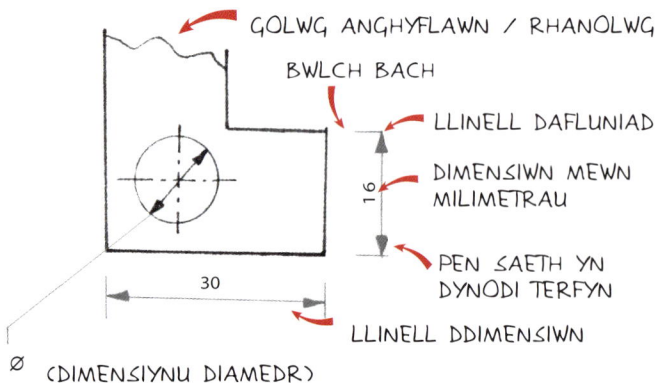

- Defnyddiwch filimetrau bob amser i ddimensiynu eich lluniad, ac ysgrifennwch y rhif yn unig ...
  ... dyma'r mesuriad cydnabyddedig ar gyfer lluniadau diwydiannol.

- Ysgrifennir rhifau bob amser uwchben ac ynghanol y llinell ddimensiwn ...
  ... gyda'r holl ddimensiynau fertigol i'r chwith o'r llinell ddimensiwn. (Darllenir y rhain bob amser o ochr dde'r lluniad.)

3. TAFLUNIAD ORTHOGRAFFIG TRYDEDD ONGL
Dyma'r ffordd fwyaf cyffredin o ddangos lluniad gweithio. Mae'n lluniad wrth raddfa manwl gywir o gynnyrch.

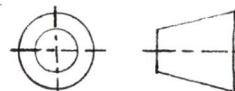

4. GRADDFA
Lluniadir pob lluniad gweithio wrth raddfa. Rhaid cynnwys yn y lluniad y raddfa a ddewisir.

Tafluniad Orthograffig Trydedd Ongl

Dyma'r math o luniad gweithio a ddefnyddir amlaf. Fe'i defnyddir er mwyn creu uwcholwg, blaenolwg ac ochrolwg o'r gwrthrych.

GOLYGON TRYDEDD ONGL

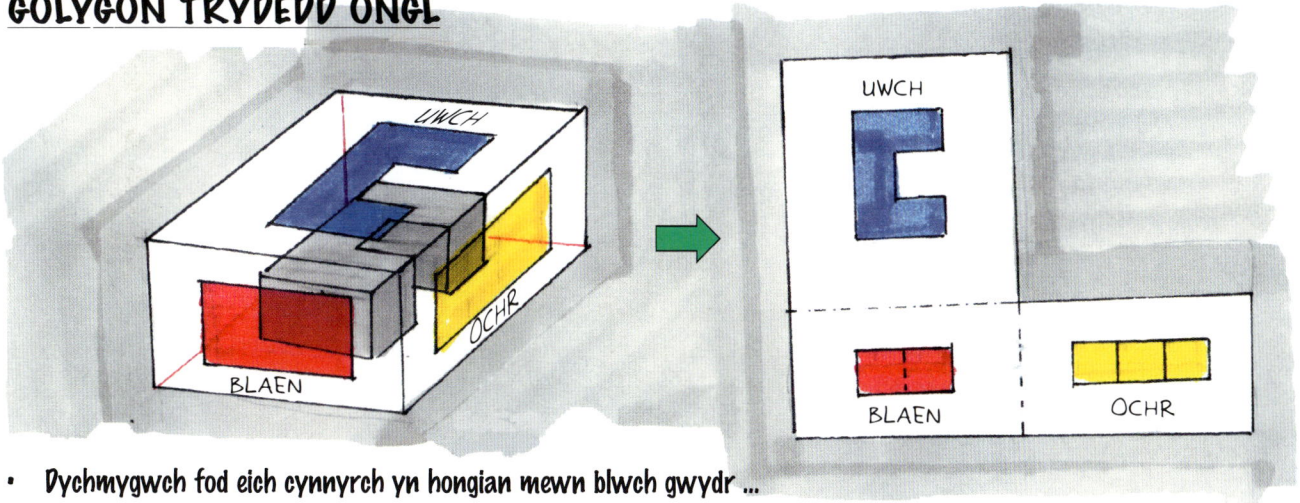

- Dychmygwch fod eich cynnyrch yn hongian mewn blwch gwydr ...
  ... os lluniadwch y golygon ar ochrau'r blwch ...
  ... ac yna ei agor allan fel y dangosir yma, byddwch wedi creu TAFLUNIAD ORTHOGRAFFIG TRYDEDD ONGL.
- Dyma set o gyfarwyddiadau cam-wrth-gam ar gyfer lluniadu TAFLUNIAD ORTHOGRAFFIG TRYDEDD ONGL.

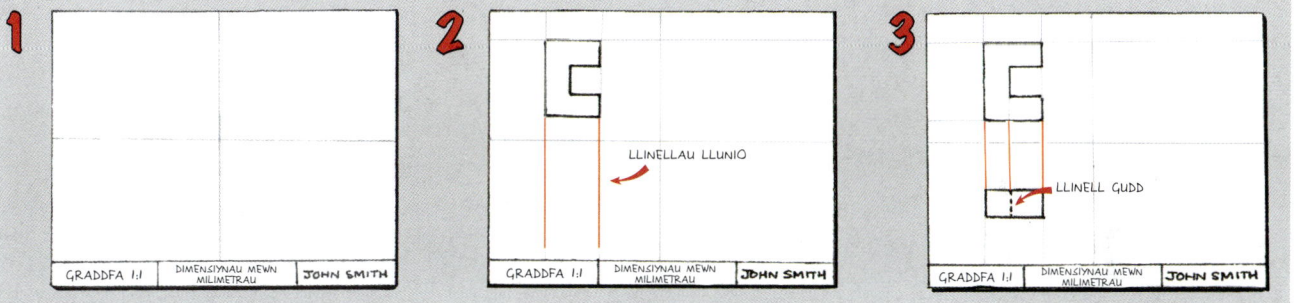

- Gwnewch yn siŵr eich bod chi'n mesur eich tudalen yn gyntaf - fel bod pob un o'r golygon yn ffitio i mewn.
- Yna, gadewch le i roi blwch ar hyd y gwaelod, ar gyfer graddfa, dimensiynau a'ch enw.
- Rhannwch eich tudalen yn 4, gan ddefnyddio pensil 2H.

- Lluniadwch yr uwcholwg yn gyntaf, a gadewch y llinellau llunio yn eu lle, fel cymorth ar gyfer lluniadu'r olwg nesaf.

- Lluniadwch y blaenolwg gan ddefnyddio llinell doredig i gynrychioli'r manylion cuddiedig

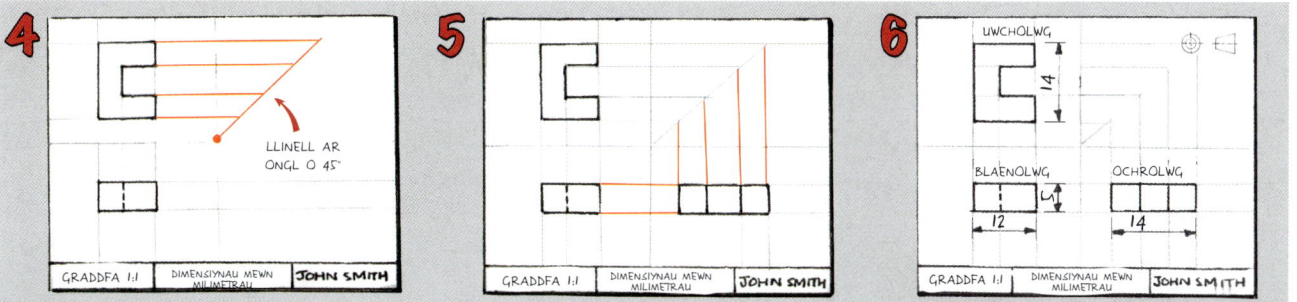

- Lluniadwch linellau llunio sy'n ymestyn i'r blwch uchaf ar y dde.
- Yn ogystal, lluniadwch linell ar ongl o 45° o ganol y dudalen.
- Dewch â'r llinellau llunio i ben pan gyffyrddant â'r llinell 45°.

- Lluniadwch linellau sy'n rhedeg i lawr o'r llinellau llunio ac yn cyffwrdd â llinellau llunio llorweddol y blaenolwg, gan greu'r ochrolwg.

LLUNIAD TERFYNOL

- LABELWCH Y GOLYGON
- NODWCH Y PRIF DDIMENSIYNAU

Gallai defnyddio cyfrifiadur ar gyfer eich gwaith cwrs wella ansawdd a hefyd cywirdeb eich gwaith. Gellid defnyddio cyfarpar cyfrifiadurol yn y rhannau canlynol o'r broses ddylunio.

Camera Digidol

Mae'n debyg mai dyma un o'r offer gorau ar gyfer ymchwilio. Mae'n caniatáu i chi dynnu llun o gynhyrchion wrth i chi eu dadansoddi. Gellir hefyd ei ddefnyddio fel sganiwr i gymryd delweddau allan o lyfrau. Yn ogystal, mae camerâu digidol yn ddefnyddiol ar gyfer rhoi tystiolaeth o'r gwaith ymarferol a wnaethoch. Gellir eu defnyddio i ddangos:

- Modelau a wnaethoch
- Prototeipiau a wnaed fel rhan o ymchwil i ddefnyddiau neu brosesau
- Profion a wnaethoch.

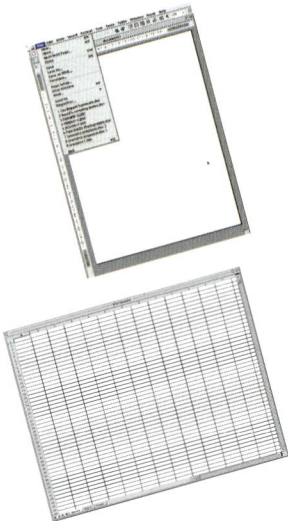

Pecynnau Prosesu Geiriau

Mae meddalwedd megis Microsoft Word yn arbennig o ddefnyddiol ar gyfer ysgrifennu adroddiadau. Am eich bod yn gallu mewnosod graffigwaith a siartiau, mae'n ddelfrydol ar gyfer ysgrifennu adroddiadau technegol megis eich gwaith dadansoddi a gwerthuso.

Taenlenni

Gellir defnyddio meddalwedd megis Microsoft Excel i gostio eich project. Mae'n arbennig o ddefnyddiol ar gyfer creu siartiau er mwyn cyflwyno canlyniadau ymchwil a data tebyg.

Pecynnau Cyhoeddi Bwrdd Gwaith

Mae meddalwedd megis Microsoft Publisher yn gallu gwella cyflwyniad eich gwaith dylunio, ond peidiwch â threulio gormod o amser ar gyflwyno. Y cynnwys sy'n pennu'ch gradd.

Sganiwr

Yn ogystal â chymryd delweddau o lyfrau, catalogau a chylchgronau, gellir defnyddio sganwyr mewn ffordd fwy creadigol. Sganiwch eich brasluniau a dargopïwch nhw mewn pecyn graffeg. Arbrofwch gyda chollage a chyfryngau cymysg eraill fel modd i greu syniadau.

Pecynnau Graffeg

Mae gan feddalwedd megis Corel Draw lawer o gyfleusterau sy'n hawdd eu defnyddio. Gellir eu defnyddio ar gyfer cynhyrchu lluniadau cyflwyno, ac mae'n arbennig o ddefnyddiol pan fydd angen testun neu ddelweddau addurnol ar gyfer cynhyrchion, er enghraifft teganau plant.

Plotydd / Torrwr

Fe'u defnyddir ar gyfer torri llen finyl hunanadlynol. Mae hyn yn arbennig o ddefnyddiol pan fydd angen manylion addurnol megis testun neu ddelweddau fflat ar gyfer eich cynnyrch. Dyma un o ffurfiau hawsaf Gweithgynhyrchu Drwy Gymorth Cyfrifiadur (CAM). Yn ogystal ag addurniad finyl, gellir torri patrymluniau'n fanwl gywir i greu masgiau ar gyfer stensilio, chwistrellu neu sgwrio â thywod wrth roi manylion ar gynhyrchion. Gellir ei ddefnyddio gyda phen i greu lluniadau technegol proffesiynol iawn.

Y Rhyngrwyd

Heb amheuaeth, mae hon yn adnawdd hanfodol, ond gan mai dyma lyfrgell fwyaf y byd, mae'n hawdd mynd ar goll. Bydd rhaid i chi ddewis y wybodaeth y byddwch yn ei defnyddio yn eich project yn ofalus. Peidiwch â lawrlwytho toreth o wybodaeth ac yn fwy na dim, peidiwch â hawlio mai chi ysgrifennodd y wybodaeth. Gallech gael eich diarddel o'r arholiad am wneud hynny!

CD ROMau

Mae cronfeydd data yn llawn gwybodaeth wedi gwella'n ddramatig yn ystod y blynyddoedd diwethaf. Mae rhai yn cynnwys animeiddiadau o brosesau diwydiannol, clipiau fideo a data cymharol. Fel yn achos y Rhyngrwyd, rhaid bod yn ofalus rhag copïo a gludio i mewn i'ch ffolder project. Dewiswch yn ofalus.

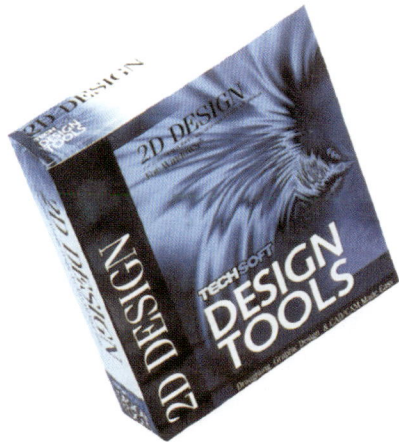

Pecynnau CAD

Mae meddalwedd megis 2D Design Tools yn caniatáu i chi luniadu'n uniongyrchol ar y cyfrifiadur a chreu'r cod rhifol sydd ei angen ar gyfer gyrru ystod o beiriannau CNC. Mae lluniadu manwl gywir ac ystod o nodweddion arbennig yn golygu bod meddalwedd o'r math hwn yn ddelfrydol ar gyfer y cwrs yma.

Pecynnau Modelu 3D

Mae Pro/DESKTOP ac ArtCAM ar gael yn rhad ac am ddim ar gyfer ysgolion.

- Mae Pro/DESKTOP yn ddelfrydol os bydd angen i chi fodelu mewn 3D llawn.

- Mae ArtCAM yn caniatáu i chi ddatblygu dyluniadau cerfweddol soffistigedig sy'n addas ar gyfer gwneud patrymau castio neu ffurfyddion ar gyfer ffurfio â gwactod.

ArtCAM
CAD/CAM Initiative in schools

Byddai'r project gwaith cwrs delfrydol yn defnyddio Gweithgynhyrchu Drwy Gymorth Cyfrifiadur i gynhyrchu nifer o gydrannau. Mae llawer o ysgolion yn brin o'r cyfleusterau i'ch galluogi i wneud hyn, ond dylech fod yn ymwybodol o'r hyn sy'n bosibl, gan y gallai hyn godi yn y papur ysgrifenedig.

Gweithgynhyrchu Drwy Gymorth Cyfrifiadur

Mae CAM yn dibynnu ar ddata a elwir yn god peiriant. Data rhifol yw hwn sy'n egluro pam y gelwir y peirianwaith a ddefnyddir ar gyfer CAM yn CNC (Rheolaeth Rifol Cyfrifiadur - *Computer Numerical Control*), yn aml. Caiff lluniadau eu creu drwy ddefnyddio pecynnau Dylunio Drwy Gymorth Cyfrifiadur (CAD) ac felly defnyddir y term CAD / CAM yn aml fel proses unigol. Erbyn hyn, mae'r cod peiriant yn cael ei greu gan y feddalwedd yn hytrach na chael ei fewnbynnu drwy gyfrwng bysellfwrdd. Yr enw ar hyn yw ôl-brosesu.

Peiriannau Dwy Echelin

Mae hyn yn golygu bod dau fodur grisiog yn rheoli'r symudiadau. Mae un echelin yn rheoli'r symudiadau i'r ochr ac un arall yn rheoli'r symudiadau o'r tu blaen i'r tu cefn. Mae turnau, peiriannau ysgythru, plotyddion a thorwyr finyl yn gweithio yn y ffordd yma. Mae'r peiriannau hyn yn gyffredin mewn ysgolion.

Peiriannau Tair Echelin

Mae trydedd echelin, i fyny ac i lawr, yn cael ei hychwanegu, sy'n golygu y gellir gwneud peiriannu mwy cymhleth. Mae llwybryddion a pheiriannau melino yn perthyn i'r grŵp yma. Mae'r peiriannau hyn yn dechrau dod yn llawer mwy cyffredin mewn ysgolion ac fe'u defnyddir yn bennaf ar gyfer pren dalennog a phlastigion.

Peiriannau Pedair Echelin

Mae'r bedwaredd echelin yn golygu y gellir cylchdroi'r gwaith wrth iddo gael ei beiriannu, fel petai turn yn cael ei ychwanegu at beiriant melino. Mae hyn yn golygu y gellir cyflawni 3D llawn mewn un gweithrediad. Prin iawn yw'r peiriannau hyn mewn ysgolion, ond maen nhw'n gyffredin iawn mewn diwydiant.

Prototeipio Cyflym

Dyma ffordd o greu gwrthrychau 3D llawn yn uniongyrchol o luniad CAD. Mae'n adeiladu haenau o gwyr i wneud prototeipiau. Fe'i defnyddir yn aml mewn diwydiant, ond nid yw eto ar gael mewn ysgolion. Gallwch wneud rhywbeth tebyg drwy ddefnyddio haenau o bapur wedi eu torri ar dorrwr finyl, ond mae hyn yn cymryd llawer o amser.

Coed yw'r enw cyffredin am ddefnyddiau coeden. Mae tri phrif fath o goed:

Prennau Caled

Mae'r rhain yn dod o goed collddail neu lydanddail. Maent yn tueddu i dyfu'n araf, sy'n golygu eu bod yn galetach fel rheol. Nid yw pob pren caled yn galed, fodd bynnag. Mae balsa, er enghraifft, yn ysgafn a meddal iawn.

Prennau Meddal

Mae'r rhain yn dod o goed conwydd sydd â nodwyddau yn hytrach na dail. Ar y cyfan, mae prennau meddal yn tyfu'n gyflymach na phrennau caled, ac fel rheol maent yn feddalach i'w trin na'r rhan fwyaf o brennau caled.

Prennau Cyfansawdd

Dalennau o bren a wneir naill ai drwy ludio haenau pren neu ffibrau pren gyda'i gilydd yw'r rhain. Cafodd prennau cyfansawdd eu datblygu'n bennaf ar gyfer technegau cynhyrchu diwydiannol, gan ei bod yn bosibl gwneud dalennau mawr ohonynt sy'n gyson o ran eu hansawdd.

MDF

PREN HAENOG

BWRDD SGLODION

CALEDFWRDD

BLOCFWRDD

ASTELL LAFNOG

Nodweddion Naturiol

Rhaid ystyried pum peth wrth ddewis coed ar gyfer pwrpas penodol, sef:

Patrwm y graen – y marciau cylch tyfiant sydd i'w gweld ar yr wyneb.

Lliw – mae coed o wahanol rywogaethau'n amrywio'n fawr o ran eu lliw.

Gwead – mae gan goed o wahanol rywogaethau weadau arwyneb a gweadau cell amrywiol.

Hydrinedd – mae rhai rhywogaethau'n haws eu trin nag eraill.

Cryfder adeileddol – mae gwahanol rywogaethau'n amrywio o fod yn wan i fod yn gryf iawn.

ENW A DISGRIFIAD		DIBENION
FFAWYDDEN Pren caled o raen syth gyda gwead main. Lliw golau. Caled iawn ond yn hawdd ei drin.		Dodrefn, teganau, dolennau offer. Gellir ei agerblygu.
DERWEN Pren cryf iawn o liw brown golau. Graen agored. Anodd ei drin.		Dodrefn o ansawdd uchel, cychod, trawstiau a ddefnyddir mewn adeiladau, argaenau.
ONNEN Pren graen agored sy'n hawdd ei drin. Lliw hufen golau, sy'n cael ei staenio'n ddu yn aml.		Dolennau offer, cyfarpar chwaraeon, dodrefn, ysgolion, argaenau. Gellir ei laminiadu.
MAHOGANI Pren cochfrown sy'n hawdd ei drin.		Dodrefn mewnol, gosodion siop, bariau, argaenau.
TÎC Pren olewog, gwydn iawn o liw brown euraid. Yn gwrthsefyll lleithder yn effeithiol.		Dodrefn allanol, adeiladu cychod, dodrefn ac offer labordy.
JELWTONG Pren meddal iawn gyda graen clos. Lliw hufen.		Gwneud modelau, fe'i defnyddir ar gyfer patrymau castio a cherfwaith.

ENW A DISGRIFIAD		DIBENION
PINWYDDEN YR ALBAN (PREN COCH) Pren meddal gyda graen syth ond ceinciog. Lliw golau. Gweddol gryf ond yn hawdd ei drin. Rhad. Hufen / brown golau.		Hawdd ei gael ar gyfer gwaith DIY. Fe'i defnyddir yn bennaf ar gyfer gwaith adeiladu a gwaith coed syml.
PINWYDDEN PARANA Caled gyda graen syth. Bron dim ceinciau. Gweddol gryf ac yn wydn. Drud. Lliw melyn golau gyda llinellau coch / brown.		Dodrefn pîn o ansawdd uchel a gosodion megis drysau a grisiau.
CEDRWYDDEN GOCH ORLLEWINOL Ysgafn, dim ceinciau. Lliw cochfrown. Hawdd ei drin ond yn wan ac yn ddrud. Olewau naturiol.		Ar gyfer yr awyr agored, er enghraifft cladin pren ar gyfer adeiladu allanol, ffensiau ac ati.
CEDRWYDDEN FELEN Pren meddal o liw melyn golau gyda gwead main a chyson. Ysgafn, ond anystwyth a sefydlog.		Dodrefn, adeiladu awyrennau amatur, adeiladu cychod, argaenau.
PYRWYDDEN (PREN GWYN) Pren meddal gwyn hufennog gyda cheinciau bach caled. Ddim yn wydn iawn.		Gwaith mewnol cyffredinol, dodrefn pren gwyn a ddefnyddir mewn ystafelloedd gwely a cheginau.

ENW A DISGRIFIAD		DIBENION
BWRDD FFIBR DWYSEDD CANOLIG (MDF) Arwyneb llyfn. Yn hawdd ei beiriannu a'i beintio neu ei staenio. Ar gael hefyd ar ffurfiau dŵr- a thân- wrthiannol.		Fe'i defnyddir yn bennaf ar gyfer dodrefn a phaneli mewnol oherwydd ei nodweddion peiriannu. Yn aml, yn cael ei argaenu neu ei beintio.
PREN HAENOG Bwrdd cryf iawn wedi ei adeiladu o haenau o argaenau sy'n cael eu gludio at ei gilydd ar ongl 90°. Mae gwahanol raddau ar gael at ddefnydd mewnol neu allanol.		Paneli adeileddol mewn gwaith adeiladu. Gwneud dodrefn. Defnyddir rhai graddau ar gyfer adeiladu cychod a gwaith allanol.
BWRDD SGLODION Wedi ei wneud o sglodion pren a ludiwyd at ei gilydd. Rhoddir argaen neu laminiad plastig arno.		Dodrefn cegin neu ystafell wely os yw'n cynnwys argaen neu laminiad plastig. Silffoedd a gwaith DIY cyffredinol.
BLOCFWRDD Yn debyg i bren haenog ond gyda haen ganol wedi ei gwneud o stribedi o bren.		Fe'i defnyddir lle bydd angen adeileddau trymach. Yn gyffredin ar gyfer silffoedd ac wynebau gweithio.
CALEDFWRDD Bwrdd gronynnau rhad iawn, weithiau gydag arwyneb plastig laminedig.		Cefnau dodrefn, gorchuddio adeileddau crwm. Paneli drysau.

Fel rheol cynhyrchir metelau drwy gloddio am fwyn o'r Ddaear, ac yna echdynnu'r metel o'r creigiau drwy gyfrwng proses ddiwydiannol ar raddfa fawr. Mae metelau'n perthyn i dri phrif gategori, er bod rhai yn perthyn i fwy nag un math:

Metelau Fferrus

Mae'r metelau hyn yn cynnwys haearn a meintiau bach o elfennau a metelau eraill. Mae metelau fferrus yn tueddu i rydu dan amgylchiadau lle ceir lleithder, a gellir eu codi drwy ddefnyddio magnet. Yr haearn sy'n gyfrifol am y ddwy nodwedd.

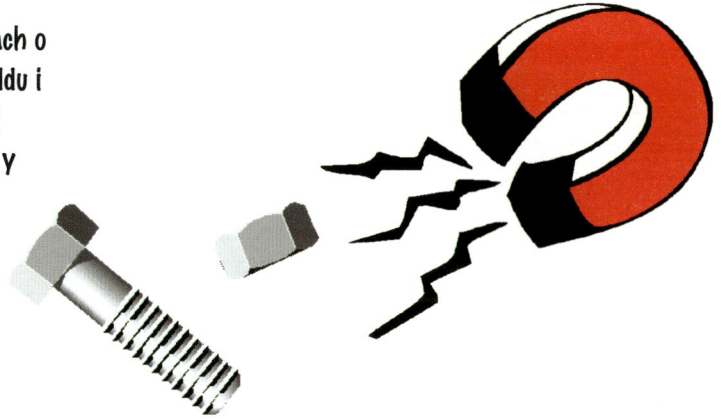

Metelau Anfferrus

Nid yw'r metelau hyn yn cynnwys haearn. Oherwydd hyn, nid ydynt yn rhydu yn yr un ffordd dan amgylchiadau lle ceir lleithder ac nid yw magnet yn eu denu. Mae copr, alwminiwm, tun a sinc yn fetelau anfferrus nodweddiadol.

Aloion

Sylweddau yw'r rhain sy'n cynnwys dau neu ragor o fetelau, ac weithiau elfennau eraill, er mwyn gwella eu priodweddau. Dewisir y metelau'n ofalus cyn eu cymysgu i greu priodweddau penodol a allai gynnwys gostwng yr ymdoddbwynt. Mae pres yn enghraifft nodweddiadol.

Priodweddau Metelau

Rhaid ystyried nifer o briodweddau wrth ddewis metelau:

Elastigedd – y gallu i adennill ei siâp gwreiddiol ar ôl iddo gael ei anffurfio:
Hydwythedd – y gallu i gael ei estyn heb dorri.
Hydrinedd – y gallu i gael ei wasgu, lledaenu a'i forthwylio yn siapiau yn ddidrafferth.
Caledwch – yn gwrthsefyll crafiadau, torri a thraul.
Gwaith galedwch - pan newidir adeiledd y metel o ganlyniad i forthwylio neu straen cyson.
Breuder – yn torri'n hawdd heb blygu.
Gwydnwch – yn gwrthsefyll torri, plygu neu anffurfio.
Cryfder tynnol – yn gryf iawn pan gaiff ei estyn.
Cryfder cywasgol – yn gryf iawn dan bwysau.

ENW A DISGRIFIAD		DIBENION
DUR MEDDAL Haearn wedi ei gymysgu gyda 0.15-0.3% carbon. Metel hydwyth a hydrin a fydd yn rhydu'n gyflym os yw'n agored i leithder.		Nytiau a bolltau, cyrff ceir, fframiau dodrefn, llidiardau, hytrawstiau ac ati.
HAEARN BWRW Haearn crai wedi ei ail-doddi gyda meintiau bach o fetelau eraill. Mae 93% haearn gyda 4% carbon yn nodweddiadol. Cryf iawn os caiff ei gywasgu, ond yn frau.		Feisiau gwaith metel, disgiau a drymiau brêc ceir, blociau silindr ceir, cloriau tyllau archwilio a draeniau, seiliau peiriannau.
DUR OFFER Hefyd fe'i gelwir yn ddur 'canolig' neu 'carbon uchel'. Yn cynnwys hyd at 1.5% carbon. Cryf a chaled iawn.		Offer llaw megis cynion, tyrnsgriwiau, morthwylion, llifiau, offer garddio, sbringiau.
DUR GWRTHSTAEN Yn gwrthsefyll traul a chyrydiad yn dda. Aloi o haearn sy'n cynnwys, yn nodweddiadol, 18% cromiwm, 8% nicel ac 8% magnesiwm.		Sinciau cegin a gosodion cyffredinol mewn ceginau masnachol. Cyllyll a ffyrc, dysglau, tebotau, offer llawfeddygol.
DUR BUANEDD UCHEL Metel yn cynnwys llawer o dwngsten, cromiwm a fanadiwm. Brau ond yn gwrthsefyll traul.		Ebillion dril, offer turn, melinwyr ac ati lle ceir cyflymderau a thymereddau uchel.

ENW A DISGRIFIAD		DIBENION
ALWMINIWM Lliw llwyd golau, er y gellir ei lathru nes ei fod yn ymddangos fel drych. Pwysau ysgafn.		Ffoil coginio, sosbenni, papur lapio siocled, fframiau ffenestri, ceir tegan, ysgolion.
COPR Metel cochfrown sy'n hydwyth a hydrin. Yn dargludo gwres a thrydan yn ardderchog.		Cydrannau gwaith plymio a thrydanol. Weithiau gorchuddir toeon cromennog â chopr, sydd wedyn yn troi'n lliw gwyrdd.
PLWM Metel trwm gydag arwyneb glaslwyd. Mae'n feddal ac yn hydrin iawn, ac mae'n gwrthsefyll cyrydiad o ganlyniad i leithder ac asidau yn effeithiol		Celloedd batri ceir, gorchuddion to i warchod rhag y tywydd, sodr plymiwr.
TUN Arian llachar o ran ei ymddangosiad. Mae'n hydwyth, yn gwrthsefyll cyrydiad ac yn hydrin.		Fe'i defnyddir amlaf fel caen ar ganiau bwyd a defnydd pecynnu tebyg. Dur gyda chaen tun yw tunplat.
SINC Metel gwan iawn sy'n gwrthsefyll cyrydiad o ganlyniad i leithder yn effeithiol iawn.		Fe'i defnyddir fel caen ar fwcedi dur, sgriwiau a llenni to – dur galfanedig. Aloion deigastio.

ENW A DISGRIFIAD		DIBENION
PRES Metel caled, melyn sy'n cynnwys tua 65% copr a 35% sinc. Yn aml yn cael ei gastio a'i beiriannu, ac yna'i blatio â chromiwm.		Gwaith metel addurniadol megis dolennau drws, canwyllbrennau a gosodion cwch. Fe'i defnyddir hefyd ar gyfer ategolion plymwaith.
METEL EURO Aloi arall sy'n cynnwys copr a sinc, ond mae'r sinc wedi cael ei leihau i tua 15%. Mae hyn yn golygu bod y metel yn llawer tywyllach na phres.		Gwaith metel pensaernïol a gemwaith. Fe'i defnyddir mewn cerflunwaith a gröir o lenfetel.
PIWTER Erbyn hyn, mae hwn yn aloi di-blwm sy'n hawdd ei gastio. Mae'n cynnwys tun yn bennaf, gydag ychydig o antimoni a chopr. Gellir ei lathru nes creu gorffeniad sy'n disgleirio fel drych.		Tancardiau, gemwaith, fframiau lluniau ac anrhegion addurniadol, fel dewis arall sy'n rhatach nag arian.
ALOI CASTIO (LM4) Alwminiwm yn bennaf gyda 3% copr a 5% silicon. Yn edrych fel alwminiwm pur.		Castio tywod a deigastio, cydrannau peiriant, yn enwedig ar feiciau modur.
DWRALWMIN Aloi alwminiwm arall sydd bron cyn gryfed â dur ond yn ddim mwy na 30% o'r pwysau. 4% copr gydag 1% manganîs a magnesiwm.		Cyrff awyrennau, rhai ceir, celfi drws.

Erbyn hyn, plastigion yw'r defnyddiau a ddefnyddir amlaf ar gyfer cynhyrchu masnachol, gan fod cynifer o wahanol fathau gyda nodweddion gwahanol iawn. Gellir creu plastigion o ddwy brif ffynhonnell:

Plastigion naturiol – mae'r rhain yn cynnwys defnyddiau megis ambr, sef resin coed ffosiledig, a latecs, sy'n un ffurf o rwber.

Plastigion synthetig – heb amheuaeth, dyma'r rhai mwyaf cyffredin. Fe'u gweithgynhyrchir yn gemegol o ddefnyddiau sail carbon megis olew crai, glo a nwy naturiol.

Defnyddir proses o'r enw POLYMERIAD i weithgynhyrchu plastigion synthetig. Mae polymeriad yn digwydd pan ddaw MONOMERAU at ei gilydd i ffurfio cadwynau hir o foleciwlau a elwir yn BOLYMERAU.

MONOMERAU	POLYMERIAD	POLYMER

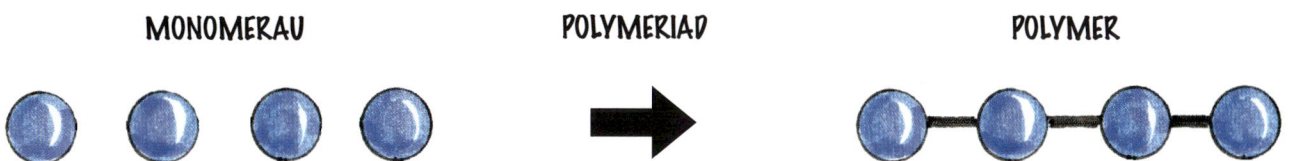

Mae Polymeriad yn dod o'r gair POLY, sy'n golygu 'llawer' a MER, sy'n golygu 'rhan'. Er enghraifft, mae POLYSTYREN yn cynnwys monomerau unigol o STYREN, wedi'u cysylltu â'i gilydd i ffurfio cadwyn hir.

Mae dau wahanol fath o blastig:

1. PLASTIGION THERMOSODOL

Mae plastigion thermosodol yn cael eu gwresogi a'u mowldio i ffurfio siâp. Os cânt eu hail-wresogi, ni allant feddalu gan fod y cadwynau polymer yn gydgysylltiol. Cysylltir monomerau unigol â'i gilydd i ffurfio polymer enfawr.

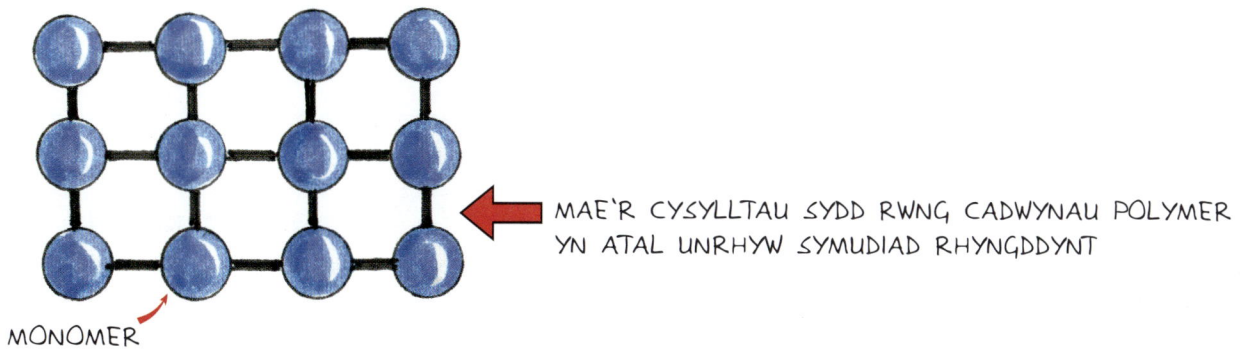

MAE'R CYSYLLTAU SYDD RWNG CADWYNAU POLYMER YN ATAL UNRHYW SYMUDIAD RHYNGDDYNT

MONOMER

2. THERMOPLASTIGAU

Bydd thermoplastigau'n meddalu pan gânt eu gwresogi, a gellir eu siapio pan fyddant yn boeth. Bydd y plastig yn caledu pan gaiff ei oeri, ond gellir ei ail-siapio os caiff ei wresogi unwaith eto.

DOES DIM CYSYLLTAU RHWNG CADWYNAU POLYMER

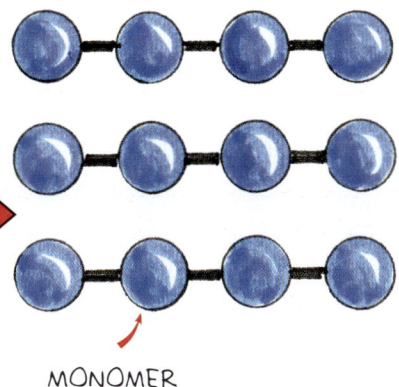

MONOMER

ENW A DISGRIFIAD		DIBENION
POLYTHEN (DWYSEDD UCHEL) HDPE Plastig anystwyth, cryf. Mae'n meddalu rhwng 120-130°C.		Pibellau, powlenni, cewyll llaeth, bwcedi.
POLYTHEN (DWYSEDD ISEL) LDPE Gwannach, meddalach a mwy hyblyg na HDPE. Mae'n meddalu ar dymheredd o 85°C.		Defnydd pecynnu, ffilm, bagiau nwyddau, teganau, poteli 'gwasgu' ar gyfer glanedydd.
POLYPROPYLEN (PP) Gwrthsefyll ardrawiad yn dda, yn meddalu ar dymheredd o 150°C - gellir ei blygu sawl gwaith heb ei dorri.		Cewyll poteli, offer meddygol, chwistrelli, cynwysyddion bwyd, blychau, rhwydi, storio.
POLYSTYREN ARDRAWIAD UCHEL (H.I.P.S) Plastig ysgafn ond cryf. Hawdd ei gael ar ffurf dalen. Yn meddalu ar dymheredd o tua 95°C.		Ffurfio â gwactod. Yn gyffredin iawn ar gyfer gwaith project ysgol megis casinau allanol ar gynnyrch electronig, defnydd pecynnu ac ati.
NEILON Defnydd caled - yn gwrthsefyll traul a gwisgo'n dda. Mae gan neilon pur nodweddion ffrithiannol isel ac ymdoddbwynt uchel.		Ffitiadau rheiliau llenni, cribau, colfachau, berynnau, dillad, olwynion gêr.
PVC, anhyblyg (polyfinyl clorid) Anhyblyg, gwydn. Gellir ychwanegu plastigwr i greu defnydd meddalach, tebycach i rwber		Pibellau aer a dŵr, tanciau cemegion, gwadnau esgidiau, defnydd pecynnu lapio poeth a phothell. Gorchuddion llawr a wal.
ACRYLIG (POLYMETHYL - METHACRYLAD) Enw masnachol - Persbecs. Tryloyw fel gwydr neu ddi-draidd - gellir ei liwio gyda phigmentau. Gwydn, nid yw'n dryllio.		Arwyddion arddangos, baddonau, goleuadau to, gardiau peiriant.

ENW A DISGRIFIAD		DIBENION
MELAMIN FFORMALDEHYD (MELAMIN METHANAL MF) Polymer sy'n gwrthsefyll gwres.		Llestri bwrdd, gosodiadau trydanol, paentiau resin synthetig, laminiadau addurnol, arwynebau gwaith.
RESIN EPOCSI (EPSOCID, ER) Resin a chaledwr wedi eu cymysgu i greu cast.		Castinau, byrddau cylched printiedig (PCBau), araenau arwyneb.
RESIN POLYESTER (PR) Yn polymeru ar dymheredd ystafell, resin a chaledwr wedi eu cymysgu gyda'i gilydd. Yn aml, wedi ei atgyfnerthu â FFIBR GWYDR.		Yn cael ei laminiadu i ffurfio castinau GRP (Plastig a Atgyfnerthwyd â Gwydr - *Glass Reinforced Plastic*), mewngapsiwleiddio, cyrff ceir, cychod.
FFENOL-FFORMALDEHYD (FFENOL-METHANAL, PF) (BAKELITE) Plastig caled, brau o liw tywyll a chyda gorffeniad sgleiniog. Yn gwrthsefyll gwres.		Gosodion trydanol o liw tywyll a darnau offer cartref, topiau poteli, dolennau tegellau / haearnau smwddio / sosbenni.
WREA-FFORMALDEHYD Polymer di-liw - wedi'i liwio â phigment artiffisial i greu ystod eang o liwiau gwahanol.		Dolennau drysau a chypyrddau, topiau poteli, switshis trydanol, gosodion trydanol.

Erbyn hyn ceir grŵp o ddefnyddiau sy'n cynyddu o hyd, nad ydynt yn cyfateb â'r categorïau normal gan eu bod yn ymddwyn yn wahanol i'w perthnasau agos. Dyma rai yn unig o'r defnyddiau newydd a smart sydd ar gael.

GWIFREN SMART

Mae aloi cofio siâp (SMA - *shape memory alloy*) a wneir ar ffurf gwifren ar gael yn rhwydd i ysgolion. Drwy basio cerrynt trydanol bach drwy'r wifren bydd yn byrhau. Pan ddiffoddir y cerrynt, bydd yn dychwelyd i'w faint gwreiddiol. Un ffordd y gellir gwneud defnydd o hyn yw drwy ei ddefnyddio i weithredu mecanweithiau pwysau ysgafn. Mae sbringiau smart ar gael hefyd.

LLEN POLYPROPYLEN LENSAIDD

Nodwedd anghyffredin y llen hwn yw ei fod yn ymddangos yn llawer mwy trwchus nag y mae mewn gwirionedd, ac i bob golwg, mae gwrthrychau a osodir arno yn suddo o dan yr arwyneb!

GWIFREN NICROM

Gwifren wrthiant sy'n gwresogi pan yrrir cerrynt trydanol drwyddi. Gellir ei defnyddio i dorri polystyren ymledol neu ei defnyddio gyda dalen thermolliw.

DALEN THERMOLLIW

Deunydd taflennol hunanadlynol a argraffwyd gydag 'inc' crisial hylif. Mae'r lliw yn newid uwchlaw tymheredd o 27 gradd. Pan ddefnyddir ef gyda gwifren nicrom, gellir creu effeithiau dramatig ar y 'sgrin'. Mae nifer o bosibiliadau wrth ddylunio teganau a gemau plant, ychwanegiadau at emwaith, dangosyddion tymheredd ar gynhyrchion sy'n gwresogi ac ati.

LLIWIAU SMART

Ystod o bigmentau sy'n adweithio i newidiadau mewn tymheredd neu'n tywynnu yn y tywyllwch. Os cymysgwch y pigmentau hyn â phaent acrylig, gallwch sicrhau bod eich dyluniadau'n gyffrous.

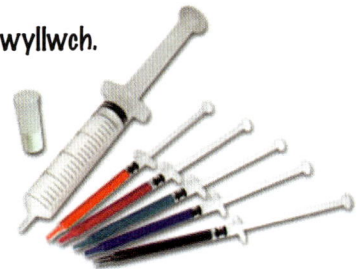

POLYMORFF

Polymer (plastig) gwyn sy'n meddalu ac yn hawdd ei fowldio ar dymheredd o 62 gradd. Mae hyn yn golygu y gellir ei feddalu gyda dŵr poeth neu sychwr gwallt a'i fowldio i siâp â llaw. Mae'n caledu'n blastig anhyblyg iawn. Gellir ei ddefnyddio ar gyfer dolennau offer, er enghraifft.

SAIM SMART

Gel gludiog iawn sy'n gallu cael ei ddefnyddio i reoli symudiad mecanweithiau. Er enghraifft, ar degan a yrrir gan fand rwber gall reoli ar ba gyflymder y mae'r egni potensial yn cael ei ryddhau.

Chwiliwch am y defnyddiau hyn ar wefan TEP: www.tep.org.uk

POLYMERAU DARGLUDOL (PLASTIGION)

Ystyriwch y posibiliadau ar gyfer dylunio pe baech yn gallu defnyddio cynhyrchion plastig sy'n gallu dargludo trydan. Mae'r defnyddiau newydd hyn ar gael i beirianyddion sy'n dechrau gweld y defnydd y gellid ei wneud ohonynt. Gofynnwch i Jeeves am blastigion dargludol, ar: www.ask.com

Mae nifer o ddulliau ar gyfer marcio defnyddiau cyn eu torri neu eu drilio. Mae'n bosibl categoreiddio'r rhain fel hyn:

SGWÂR PROFI

Fe'i defnyddir i farcio llinellau ar ongl o 90° yn union o ymyl y defnydd. Rhaid cael un ymyl syth manwl gywir cyn y gallwch ddefnyddio'r erfyn hwn. Fe'i defnyddir hefyd yn erfyn gwirio wrth gydosod cydrannau sy'n gorfod bod yn sgwâr.

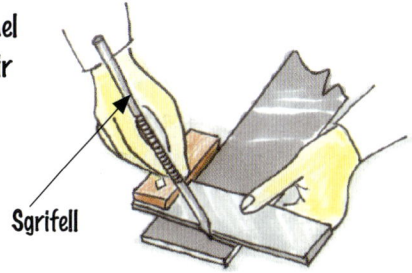

SGRIFELL

Erfyn miniog ar gyfer marcio llinellau manwl gywir ar fetelau a phlastigion.

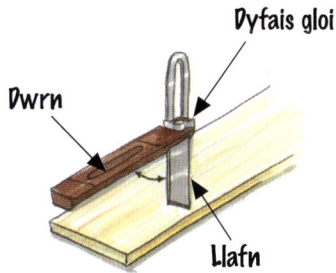

Sgrifell

Dyfais gloi

Dwrn

Llafn

BEFLAU

Ar gael ar onglau sefydlog o 45°, er enghraifft, neu fel erfyn cymwysadwy ar gyfer marcio unrhyw ongl. Fe'i defnyddir yn yr un ffordd â sgwâr profi.

CWMPASAU MESUR

Fe'u defnyddir i farcio cylchoedd neu arcau. Mae un pwynt yn tyllu i'r defnydd a'r llall yn sgrifellu llinell i wyneb y defnydd. Bydd angen i chi farcio ochr isaf y defnydd os bydd yr wyneb i'w gweld.

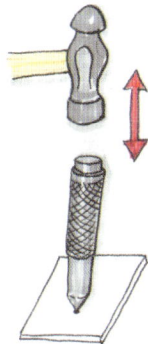

PWNSH CANOLI

Fe'i defnyddir yn draddodiadol ar gyfer marcio canol tyllau ar gyfer drilio i fetel. Mae'r pwnsh hwn yn gadael danheddiad bach sy'n atal yr ebill dril rhag crwydro dros yr wyneb. Gallwch ddefnyddio'r dull hwn ar blastigion meddal a hyd yn oed pren.

MEDRYDD MARCIO

Erfyn syml ar gyfer sgrifellu llinellau'n baralel ag ymyl syth ar bren. Gellir ei ddrilio'n hawdd er mwyn rhoi pen neu bensil ynddo, fel y gellir ei ddefnyddio i farcio ystod o ddefnyddiau gyda llinellau sy'n haws eu gweld.

CALIPERAU JENNI

Defnyddir y caliperau hyn i sgrifellu llinellau'n baralel ag ymyl syth ac fe'i defnyddir ar gyfer marcio metelau a phlastigion.

PATRYMLUNIAU CERDYN

Fe'u defnyddir ar gyfer marcio siapiau crwm ar unrhyw ddefnydd. Gellir gwneud siapiau cymesur orau drwy blygu'r patrymlun yn ei hanner a thorri'r ddwy ochr gyda'i gilydd. Cofiwch roi unrhyw batrymluniau byddwch yn eu gwneud yn eich ffolder dylunio.

Mae gallu dal defnydd wrth weithio yn bwysig iawn o ran effeithlonrwydd a diogelwch.

FEIS GWAITH COED

Yn cynnwys safnau coed, defnyddir hon i ddal pren a phlastigion i'r fainc waith wrth iddynt gael eu torri a'u siapio.

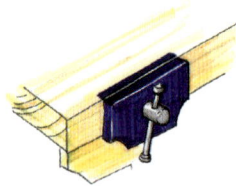

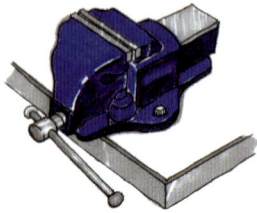

FEIS GWAITH METEL NEU BEIRIANNYDD

Feis a godir uwchlaw'r fainc waith ac sydd ar gael gyda safnau dur caled ar gyfer gwaith metel trwm. Gellir ychwanegu safnau ffibr (meddal) ar gyfer gwaith metel ysgafn ac, yn enwedig, plastigion.

CRAMP G

Fe'i defnyddir ar gyfer dal defnydd ar ben meinciau wrth weithio ac ar gyfer dal wrth ludio.

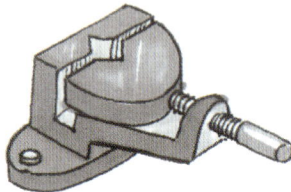

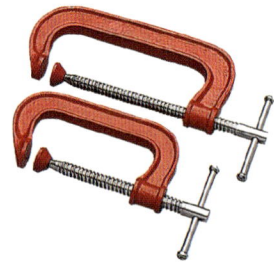

FEIS PEIRIANT

Fe'i defnyddir ar gyfer dal defnydd wrth ei ddrilio neu ei felino.

FEIS LAW

Fe'i defnyddir i ddal darnau plastig a llenfetel llai eu maint ac o siâp afreolaidd, na all ffitio i feis peiriant.

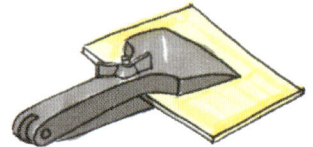

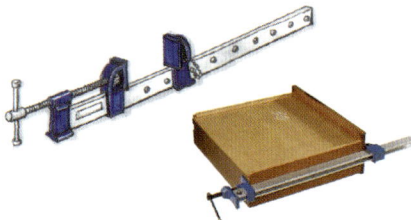

CRAMP HIR

Rhagorol ar gyfer dal uniadau pren gyda'i gilydd wrth eu gludio.

CLAMP CYFLYMDER

Yn debyg i grampiau hir, ond gan ddefnyddio system sy'n cloi ohoni'i hun sy'n golygu y gellir lleoli'n haws na phe ddefnyddid cramp hir.

CLAMP CORNEL

Fe'i defnyddir ar gyfer dal defnyddiau ar ongl sgwâr wrth eu huno.

CLAMPIAU TOGL

Ceir hyd iddynt fel gosodyn ar beiriannau ffurfio â gwactod ond maent yn ddefnyddiol wrth greu jigiau ar gyfer cynhyrchu meintiau sylweddol, neu fe'u defnyddir ar gyfer clampio darnau bach ar beiriant drilio.

Mae jigiau'n ddyfeisiau dal a ddefnyddir pan swmp-weithgynhyrchir cynnyrch. Fe'u defnyddir yn aml ar gyfer drilio tyllau mewn cydrannau neu ar gyfer torri defnydd i faint penodol. Mae'n bosibl y bydd rhaid i chi wneud jig neu osodyn er mwyn eich galluogi i arbed amser wrth wneud eich project gwaith cwrs neu i sicrhau manwl gywirdeb. Byddwch yn cael marciau ychwanegol am wneud eich jig neu osodyn eich hun ond rhaid i chi sicrhau eu bod ar gael i'r safonwr.

Jigiau

Gwneir jigiau'n benodol ar gyfer cydran neu fe'u gwneir yn gymwysadwy ar gyfer ystod o weithrediadau tebyg.

Gwneir rhai jigiau'n fasnachol ar gyfer amrywiaeth o swyddi tebyg.

Blwch meitro
Fe'i defnyddir ar gyfer torri onglau wrth wneud uniadau meitrog, er enghraifft ar gyfer fframiau lluniau.

Jig lifio
Jig gymwysadwy ar gyfer llifio onglau gwahanol yn fanwl gywir.

Gosodion

Yn debyg i jigiau ond mae'r dyfeisiau dal hyn yn sownd wrth beiriannau er mwyn cynyddu'r nifer a gynhyrchir.

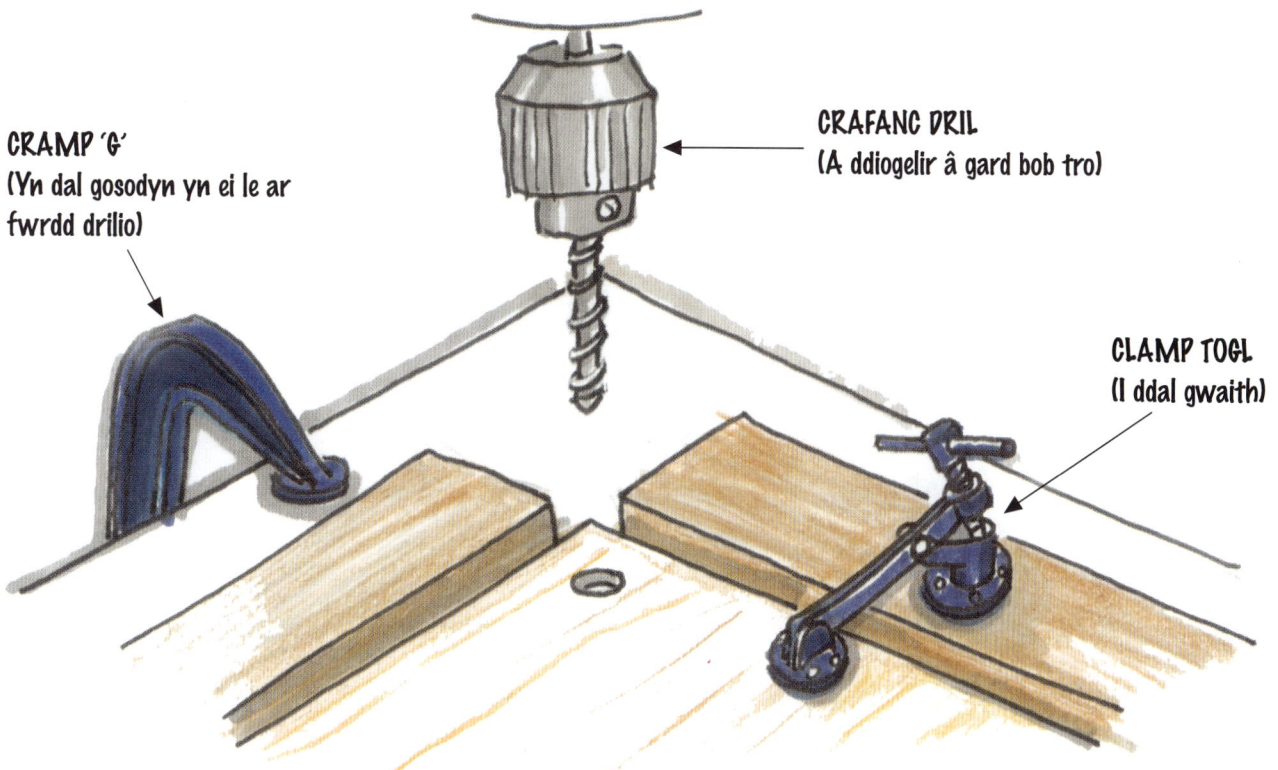

CRAMP 'G'
(Yn dal gosodyn yn ei le ar fwrdd drilio)

CRAFANC DRIL
(A ddiogelir â gard bob tro)

CLAMP TOGL
(I ddal gwaith)

JIG DRILIO SYML I GYNORTHWYO DRILIO MANWL GYWIR YM MHOB CORNEL O'R BWRDD

Llifiau Llaw

Llifio yw un o'r dulliau hynaf o dorri defnyddiau. Mae'r egwyddor yn union yr un fath, beth bynnag a dorrir.

LLIFIO

DANNEDD
LLIF

PREN

Mae'r dannedd yn cael eu siapio fel eu bod yn tynnu ychydig o ddefnydd wrth symud ymlaen.

Fel canllaw, dylai tri dant fod ar y defnydd ar unrhyw un adeg.

Mae sawl math o wahanol lifiau ar gael ar gyfer gwahanol ddefnyddiau a thasgau, rhai ohonynt yn cael eu gyrru gan bŵer. Mae llifiau sy'n cael eu gyrru â llaw yn gweithio ar strociau ymlaen ac yn ôl.

Weithiau bydd llafnau yn cael eu dal ar dyndra o fewn ffrâm. Mae'n broses hawdd i newid y llafn pan fyddant wedi treulio neu eu difrodi.

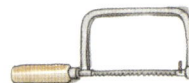

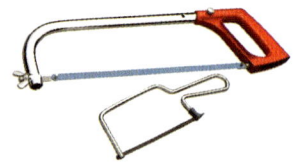

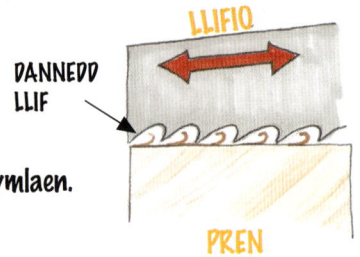

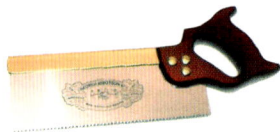

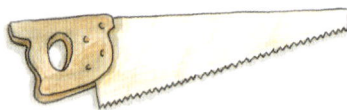

Yn aml, mae dolennau llifiau torri pren wedi eu cysylltu'n uniongyrchol â'r llafn.

Llifiau Pŵer

Mae llifiau pŵer yn gweithio ar nifer o symudiadau gwahanol:

Mae llifiau crwn yn cylchdroi llafn y llif a symudir y defnydd ar draws y llafn. Defnyddir y rhain ar gyfer torri coed a phlastigion.

Mae cylchlifiau yn cylchdroi stribyn di-dor o lafn llif. Mae llafnau ar gael ar gyfer torri coed, plastigion a llenfetelau tenau.

Mae haclifiau pŵer yn defnyddio symudiad ymlaen / yn ôl sy'n copïo'r fersiwn llaw ac fe'u gyrrir gan fecanwaith llithrydd cranc.

Mae herclifiau'n symud y llafn i fyny ac i lawr (mudiant cilyddol). Mae'r gwaith yn cael ei glampio i fainc a'r llafn yn cael ei gwthio drwy'r defnydd. Er bod llafnau ar gael ar gyfer plastigion a metelau, defnyddir herclifiau'n bennaf ar gyfer torri llen goed.

Mae llifiau troell hefyd yn defnyddio mudiant cilyddol ond mae'r llafn yn cael ei ddal ar densiwn ac yn cael ei symud i fyny ac i lawr trwy fwrdd y gellir ei osod ar ongl. Mae llafnau ar gael ar gyfer llen goed, plastigion a metelau.

Mae naddu'n broses y gellir ei defnyddio ar bren a metelau. Defnyddir cynion pren ar goed a chynion caled ar fetel. Rhaid defnyddio arwaith torri siâp lletem wrth naddu. (cŷn (cynion) = gaing (geingiau))

Naddu Pren

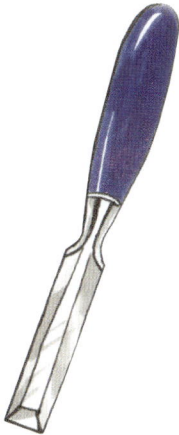

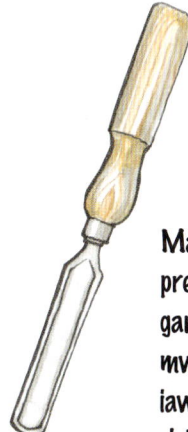

Mae pedwar math o gŷn pren. Mae'n hanfodol bod ganddynt ymyl finiog er mwyn iddynt weithio'n iawn, gan fod rhaid iddynt sleisio ar draws y graen.

Cŷn Ffurf

Cŷn Ymyl Befel

Cŷn Mortais

Gaing Gau

Arweithiau Naddu Sylfaenol

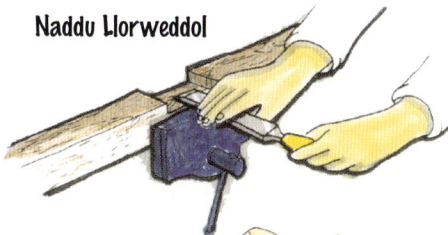

Naddu Llorweddol

Naddu Fertigol

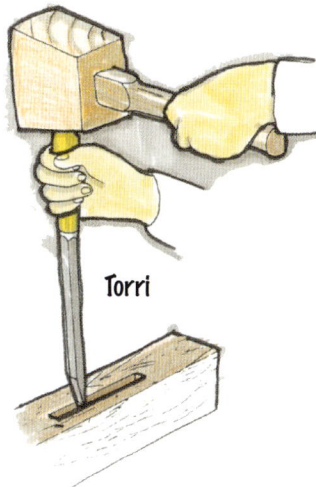

Torri

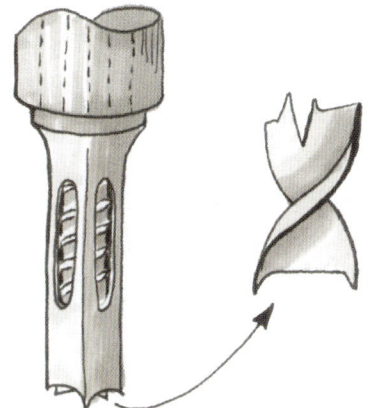

Gellir defnyddio peiriannau morteisio i dorri cilannau ar gyfer uniadau

Naddu Metelau

Gwneir cynion caled o ddur a galedwyd ac a dymherwyd ar yr ymyl dorri. Mae pen arall y cŷn yn feddal i'w alluogi i wrthsefyll ergydion morthwyl.

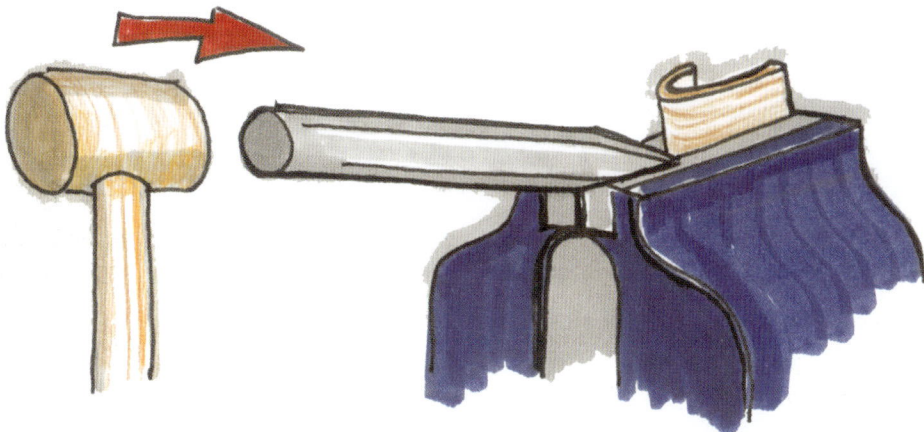

Plaenio â Llaw

Rhaid defnyddio arwaith torri siâp lletem er mwyn plaenio, a ddefnyddir ar gyfer naddu haenau tenau o ddarnau pren. Gellir plaenio rhai plastigion.

Plaen llyfnhau

Plaen bach

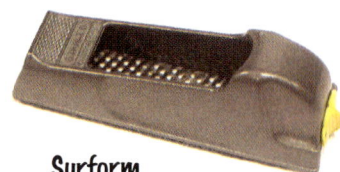

Surform

ARWAITH PLAENIO SYLFAENOL

Mae rhai plaeniau a gymhwyswyd yn benodol wedi cael eu dylunio ar gyfer tasgau penodol.

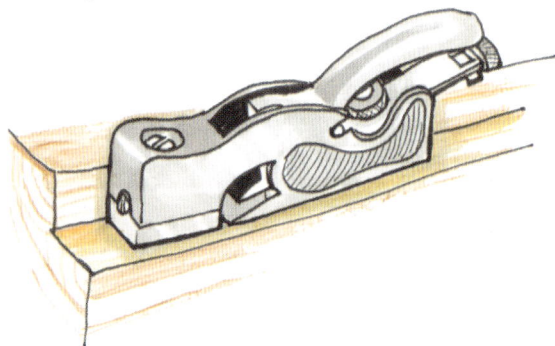

Plaen ysgwydd a ddefnyddir ar gyfer tacluso rabed

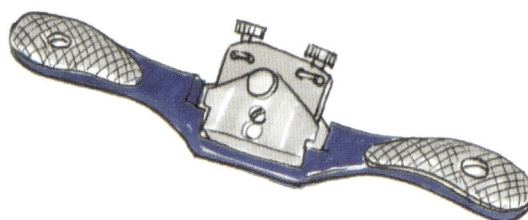

Rhasgl a ddefnyddir ar gyfer wynebau crwm

Plaeniau Pŵer

Bydd gan lawer o ysgolion beiriant sy'n plaenio coed. Mae hon yn broses gyffredin o fewn y diwydiant coed ac mae'n gweithio drwy ddefnyddio torrwr tro. Mae fersiynau llaw ar gael hefyd.

Arwaith torri tro

Plaen llaw

Drilio â Llaw ac â Pheiriant

Proses yw drilio sy'n eich galluogi i wneud tyllau drwy gylchdroi dril neu ebill tyllu. Gellir drilio pob defnydd gwrthiannol. Yn syml iawn, rhaid cydweddu'r ebill drilio cywir â'r defnydd. Fel rheol, gwneir ebillion dril o ddur carbon neu ddur buanedd uchel (HSS) er y defnyddir ebillion blaen twngsten ar gyfer drilio i waliau bric, cerameg a gwydr.

Mae pob dril yn gweithio yn ôl yr un egwyddor. Cylchdroir yr ebill (neu dorrwr) dril i gyfeiriad clocwedd naill ai gan ddyfais law neu ddyfais beiriannol, ac yna fe'i gwasgir ar arwyneb y defnydd. Cynlluniwyd yr ebillion dril i dorri a thynnu'r defnydd gwastraff, er bod y siapiau'n amrywio'n fawr.

Defnyddir ebillion canoli ac ebillion taradr math Jennings gyda charntro saer.

Gellir defnyddio ebillion Forstner ar goed a rhai plastigion i greu tyllau glân gyda gwaelodion gwastad.

Defnyddir driliau dirdro neu jobiwr ar gyfer drilio tyllau â diamedr llai o faint mewn ceod, metelau a phlastigion. Maent yn anaddas ar gyfer diamedrau mwy mewn pren gan eu bod yn gadael ymyl blêr i'r twll.

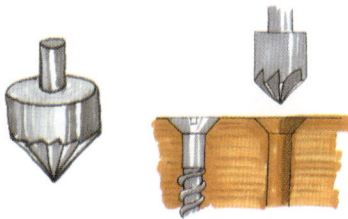

Defnyddir ebillion gwrthsoddi i sicrhau bod pen sgriwiau'n gorwedd cyfwyneb ag arwyneb y defnydd.

Defnyddir llifiau twll i dorri diamedrau mawr mewn defnyddiau tenau.

Driliau Pŵer

Mae driliau pŵer cludadwy'n gyffredin a gellir defnyddio prif gyflenwad trydan neu fatri i'w gyrru. Maent yn hawdd eu defnyddio, ond rhaid dal y defnydd yn gadarn yn ei le.

Driliau Pedestal

Gellir gosod driliau pedestal (a elwir hefyd yn ddriliau piler neu wasg ddrilio) ar fainc neu ar y llawr. Dyma'r dull mwyaf diogel a hawsaf o ddrilio defnyddiau y gellir eu codi ar y bwrdd drilio.

Mae melino a chafnu'n dilyn yr un egwyddor, sef bod torrwr danheddog sy'n cylchdroi yn symud dros y defnydd sy'n cael ei siapio. Pan ddefnyddir y dechneg hon gyda metelau a phlastigion, fe'i gelwir yn felino. Ar goed, fe'i gelwir yn gafnu.

Cafnu

Gellir torri siapiau drwy weithio llwybrydd pŵer â llaw. Gellir ei ddefnyddio i ddilyn patrymlun, a ddefnyddir gyda chyfeirydd i dorri rhychau, neu ei ddefnyddio i siapio ymyl bwrdd pren.

Mae'r torrwr yn troi i mewn i'r defnydd.

Llwybrydd llaw gyda chyfeirydd ar gyfer torri rhychau cyflin ag ymyl bwrdd.

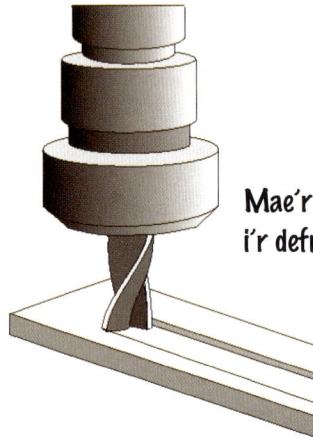

Melino

I ddefnyddio peiriant melino rhaid clampio'r defnydd ar wely'r peiriant.

Gellir codi neu ostwng y torrwr. Dyma'r echelin z.

Gellir symud gwely'r peiriant i'r chwith ac i'r dde. Dyma'r echelin x.

Gellir symud gwely'r peiriant o'r blaen tuag yn ôl. Dyma'r echelin y.

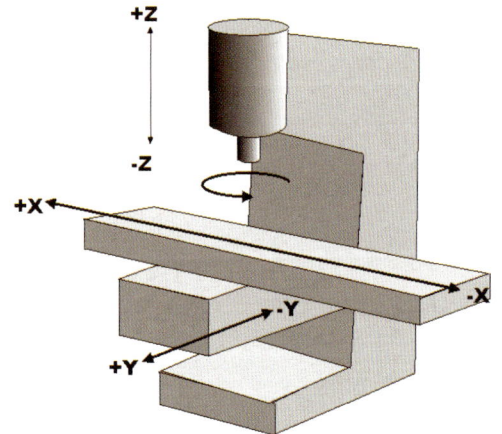

Melino CNC

Gellir rheoli peiriannau melino traddodiadol drwy symud pob echelin â llaw. Drwy symud pob echelin gyda modur gellir rheoli symudiadau manwl gywir drwy Reolaeth Rifol Cyfrifiadur (CNC – *Computer Numerical Control*). Dyma un o'r ffurfiau mwyaf cyffredin ar Weithgynhyrchu Drwy Gymorth Cyfrifiadur (CAM).

Mae llwybryddion CNC yn gyffredin iawn yn y diwydiant dodrefn ac yn dilyn yr un egwyddor.

Fel mae'r enw'n awgrymu, mae turnio yn ymwneud â chylchdroi'r gwaith yn erbyn llafn. Gellir turnio pren, metelau a rhai plastigion er bod y peiriannau'n amrywio. Mae turnau ymhlith rhai o'r offer peiriant cynharaf, yn mynd yn ôl canrifoedd.

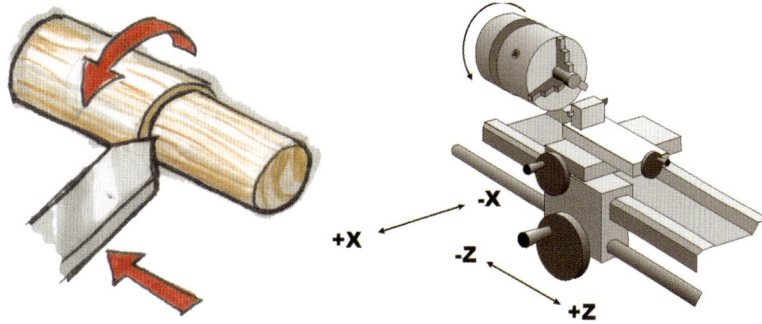

+X   -X   -Z   +Z

Turn Canol

Mae turnio metelau a phlastigion ar durn canol yn golygu dal y gwaith (mewn crafanc, fel rheol) a chylchdroi'r gwaith tuag at y torrwr.

Gellir symud y torrwr i'r chwith ac i'r dde ac ymlaen ac yn ôl.

Gellir defnyddio'r pen llonydd i gynnal darnau hir o ddefnydd neu ffitio crafanc dril arno er mwyn drilio tyllau i ben y defnydd.

Turn Pren

Mae turnau pren yn wahanol i durnau canol gan fod yr erfyn yn pwyso ar gynhalydd ac yn cael ei arwain â llaw. Defnyddir tri math gwahanol o offer, sef cynion, geingiau cau a sgrafelli. Gellir dal y gwaith rhwng canolau neu ei sgriwio ar wynebplat.

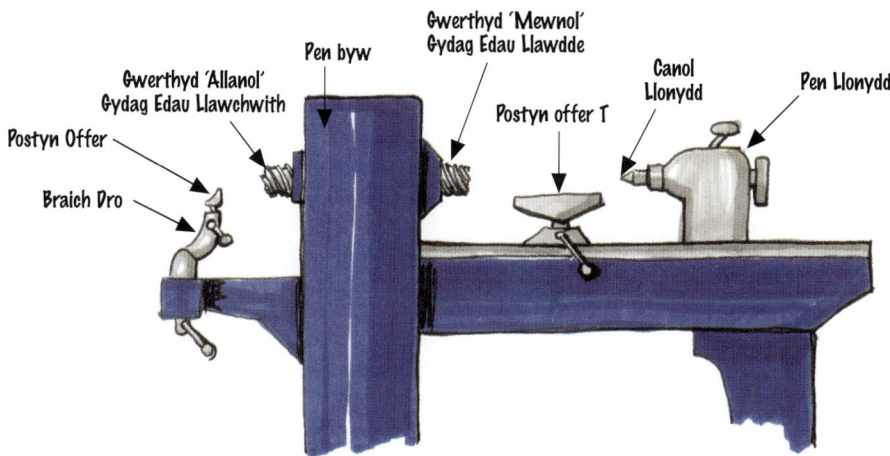

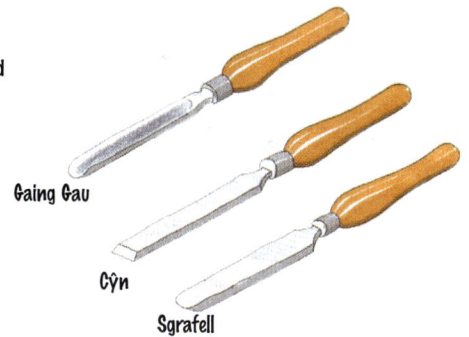

Gwerthyd 'Allanol' Gydag Edau Llawchwith
Gwerthyd 'Mewnol' Gydag Edau Llawdde
Pen byw
Postyn Offer
Braich Dro
Postyn offer T
Canol Llonydd
Pen Llonydd
Gaing Gau
Cŷn
Sgrafell

Turnio CNC

Gellir rheoli symudiad y gwaith a'r offer torri ar durnau canol drwy ddefnyddio moduron grisiog. Mae hyn yn golygu y gellir defnyddio rhifau i reoli'r turn. Mae turnau CNC yn arbennig o ddefnyddiol ar gyfer turnio llawer o ddarnau unfath.

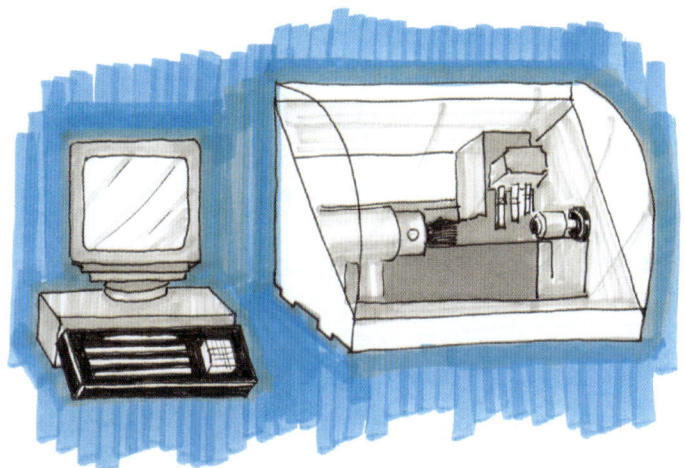

Gellir sgraffinio drwy ddefnyddio ystod eang o offer sy'n torri gronynnau bach iawn o ddefnydd i ffwrdd. Mae'r rhain yn cynnwys papurau sgraffinio a ffeiliau.

Papurau / Cadachau Sgraffinio

Gludir yr asglodion bach o ddefnydd sgraffinio ar ddalen gefnu papur neu ddefnydd.

Gallai'r defnydd sgraffinio fod yn garned, gwydr, silicon carbid neu emeri.

Mae gan bob dalen rif. Po leiaf yw'r rhif, y garwaf yw'r ddalen.

Yn aml, rhwygir papur emeri'n stribedi ac fe'i defnyddir gyda'r ddwy law. Fe'i cynlluniwyd ar gyfer metelau, er ei fod yn ddefnyddiol, weithiau, ar gyfer gorffennu plastigion caled.

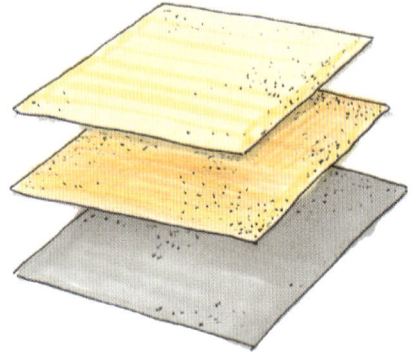

Fel rheol, mae papur silicon carbid yn bapur sgraffinio meinach a gellir ei ddefnyddio'n sych neu gyda dŵr. Yn aml fe'i gelwir yn 'bapur gwlyb a sych' ac fe'i defnyddir ar gyfer plastigion a thorri'n ôl arwynebau sydd wedi cael eu peintio. Mae'r dŵr yn helpu i iro'r arwaith torri a chael gwared ar y defnydd gwastraff.

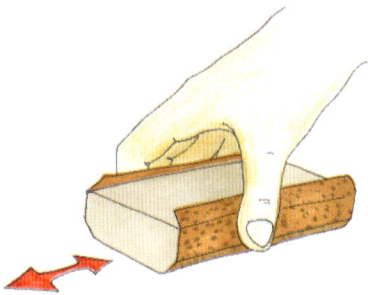

Fel rheol, mae papur sgraffinio'n cael ei ddal o amgylch bloc corc. Defnyddir gwydr a phapur garned ar gyfer pren yn bennaf, ond weithiau fe'u defnyddir gyda phlastigion caled.

Ffeiliau

Fe'u defnyddir ar gyfer llyfnhau a siapio arwyneb metelau a phlastigion caled drwy bwyso ar y cannoedd o ddannedd main sydd ar y ffeil a'u llusgo ar draws y defnydd.
Yn ogystal, ceir ffeil a gynlluniwyd yn arbennig ar gyfer pren, sef rhathell, gyda dannedd brasach. Fe'u gwneir o ddur carbon uchel a dylid eu trin a gofal gan eu bod yn frau ac yn gallu torri os cânt eu gollwng neu eu cam-drin.

Mae gan ffeiliau lawer o wahanol siapiau.

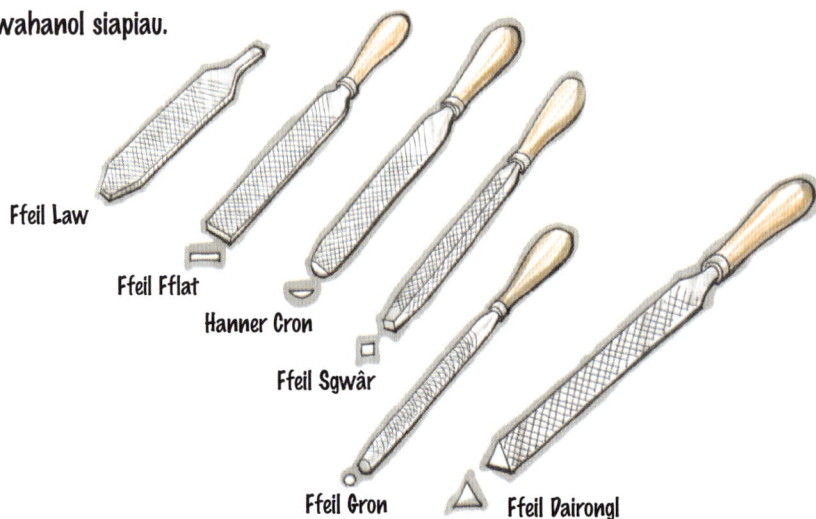

Ffeil Law · Ffeil Fflat · Hanner Cron · Ffeil Sgwâr · Ffeil Gron · Ffeil Dairongl

Peiriannau Sandio

Mae sawl math o beiriant sandio, a chynlluniwyd pob un ohonynt ar gyfer tynnu'r defnydd i ffwrdd mor gyflym â didrafferth â phosibl. Ar y cyfan, dim ond ar gyfer coed a phlastigion caled y defnyddir sandwyr. Cynlluniwyd rhai peiriannau, a elwir yn linisherau ar gyfer metelau. Mae pob peiriant sandio pŵer yn creu llawer o lwch, a rhaid ei waredu'n ddiogel. Yn aml, alwminiwm ocsid a ludiwyd ar gefnyn ffabrig yw'r defnydd sgraffinio.

Mae sandwyr sefydlog yn gweithio yn ôl un o ddwy egwyddor:

1. SANDIO TRO NEU DDISG

Cysylltir disg papur sgraffinio ar wynebplat ar ddiwedd modur trydan.

Gellir defnyddio ochr is y ddisg yn unig.

Mae'r ymyl allanol yn troi'n gyflymach na'r canol, ac felly ni thynnir y defnydd mewn modd cyfartal.

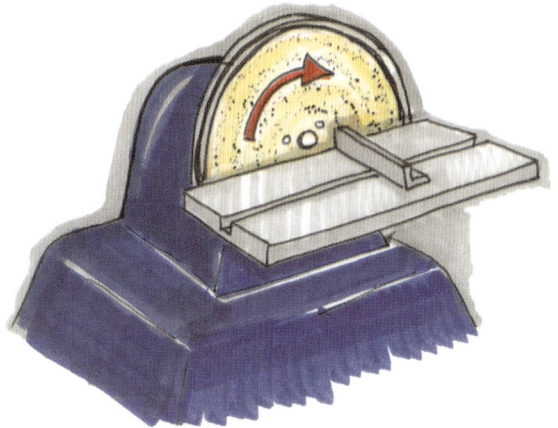

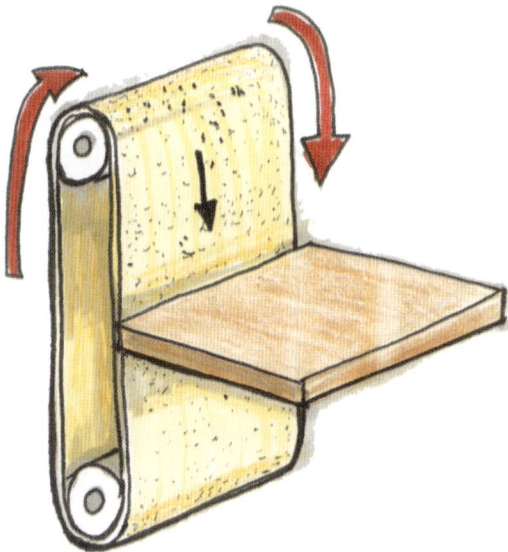

2. SANDWYR GWREGYS

Gellir eu mowntio'n llorweddol neu'n fertigol.

Mae belt cylchdro wedi ei wneud o ddefnydd sgraffinio yn cael ei yrru gan fodur trydan.

Rhaid cynnal y darn o'r belt sydd ar waith ar arwyneb metel caled.

Tynnir defnydd yn gyfartal, am fod pob rhan o'r belt yn symud ar yr un cyflymder.

Sandwyr Llaw

Erbyn hyn, mae amrywiaeth eang o sandwyr pŵer ar gael. Gan eu bod yn bwerus a hefyd yn gludadwy, ceir rhai ystyriaethau ychwanegol yn ymwneud â diogelwch. Gwnewch yn siŵr bob amser bod y defnydd sy'n cael ei sandio yn cael ei ddal yn sefydlog ac nad yw unrhyw lwch a grëir yn eich peryglu chi neu rywun arall.

Sandiwr Orbitol

Sandiwr Gwregys

Cynlluniwyd morthwylion ar gyfer amrywiaeth o swyddogaethau, yn ogystal â tharo hoelion.

Morthwyl Crafanc

Morthwyl trwm sy'n gallu gyrru hoelion mawr drwy bren. Defnyddir y grafanc i dynnu hoelion cam.

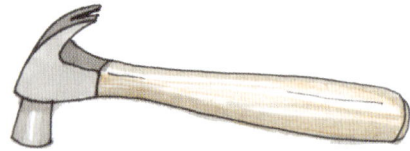

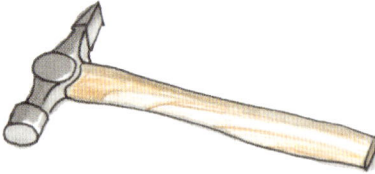

Morthwyl Wyneb Croes neu Forthwyl Warrington

Morthwyl ar gyfer gwaith cyffredinol, sy'n cael ei enw o'r wyneb ôl siâp lletem. Defnyddir y lletem i roi cychwyn ar hoelion bach a phinnau sy'n cael eu dal rhwng y bysedd.

Morthwyl Wyneb Crwn

Morthwyl ag wyneb crwn y tu ôl, a ddefnyddir ar gyfer gwneud rhybedion, a darnau eraill o fetel, yn grwn. Ceir morthwylion wyneb crwn mawr ar gyfer gwaith trwm megis gweithio metel poeth.

Gordd

Fel rheol gwneir pob rhan o goed ffawydd. Fe'i defnyddir ar gyfer gyrru cynion a geingiau cau, a hefyd ar gyfer cydosod uniadau pren.

Gordd Rwber / Neilon

Fersiwn fodern o'r ordd ffawydd draddodiadol. Gellir ei defnyddio ar gyfer cydosod uniadau pren yn ogystal â phlygu llenfetelau heb niweidio'r arwyneb.

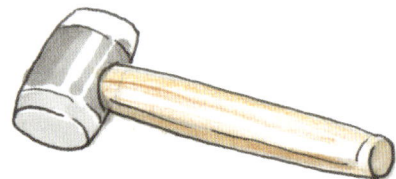

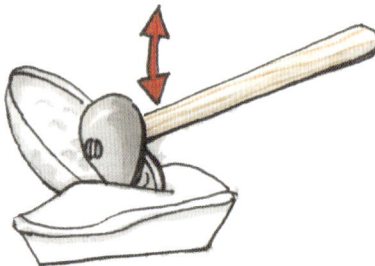

Gordd Ben Wy

Morthwyl pren gyda phen pren bocs, siâp wy. Fe'i defnyddir gyda bag tywod lledr ar gyfer cafnu, neu ddysglu, llenfetel.

Morthwyl Planisio

Gyda phen llathredig iawn na ddylid ei ddefnyddio ar gyfer morthwylio cyffredinol. Fe'i defnyddir ar y cyd â bonyn llathredig ar gyfer gorffennu gwaith metel.

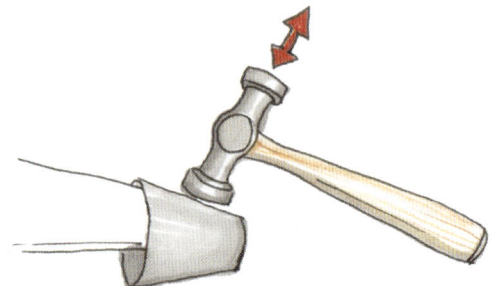

Mae llenfetelau'n cael eu trin o hyd ym myd diwydiant, gan ddefnyddio prosesau llaw a pheiriant.

Croes rwygo

Fel rheol defnyddir arwaith croes rwygo i dorri llenfetel.

Defnyddir snipwyr tun i dorri darnau bach o lenfetel.

Defnyddir gwelleifiau aer cywasgedig mewn ffatrïoedd i wneud y dasg yn haws.

Mae gwelleifiau mainc yn gwella'r trosoliad.

Plygu

Gellir plygu llenfetel mewn sawl ffordd. Mae barrau plygu yn ddull cyffredin, er bod gan lawer o ysgolion beiriannau plygu.

GABRO

Gwasgu

Mewn diwydiant, defnyddir gweisg i blygu a ffurfio llenfetel. Fe'u rheolir gan biston hydrolig sy'n creu gwasgedd eithriadol. Caiff llenfetel ei stampio a'i wasgu'n oer. Dau gynnyrch a wesgir yn gyffredin o ddur llen yw paneli corff modur a rheiddiaduron gwres canolog.

GWASGU O WASG HYDROLIG

1.

Pwnsh →

lenfetel →

Dei →

2.

Cynnyrch Terfynol

Gellir gwresogi haearn a dur nes eu bod yn meddalu. Drwy ddefnyddio grym morthwyl neu wasg gellir ailffurfio'r metel. Gofannu yw'r enw ar y broses hon. Mae siapio drwy ofannu yn hytrach na thorri'n sicrhau nad ymyrrir â graen y metel. Mae cydrannau a ofannir yn llawer cryfach, felly.

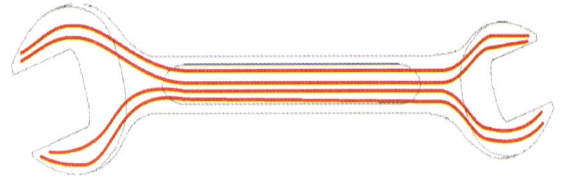

Gofannu â Llaw

Yn draddodiadol, mae gof yn gofannu drwy ddefnyddio aelwyd i gynhesu'r haearn neu'r dur ac eingion i wrthsefyll ergydion y morthwyl. Drwy blygu, dirdroi a morthwylio gellir cynhyrchu amrywiaeth eang o siapiau.

Delw Ofannu

Yn ddiwydiannol, mae gofannu'n digwydd drwy broses o'r enw delw ofannu neu ddei ofannu. Mae morthwyl mecanyddol mawr yn rhoi grym sylweddol. Gosodir y darn o fetel a wresogwyd rhwng dau ddei a throsglwyddir grym gydag un ergyd. Dim ond ffurfiau syml y gellir eu delw ofannu.

CYN GOFANNU

1.

Metel
Meddal
wedi ei
Wresogi

dei

dei

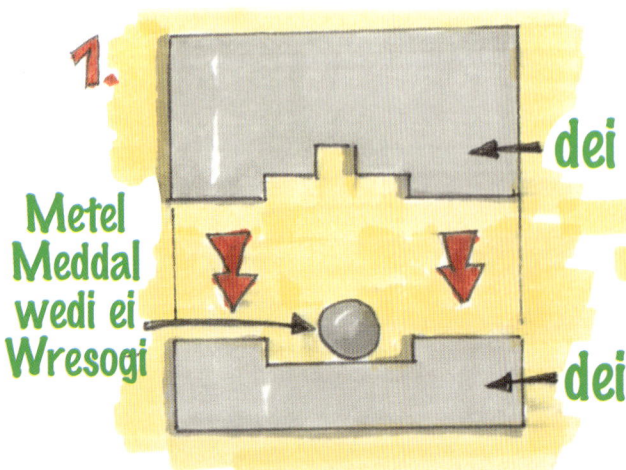

2. AR ÔL GOFANNU

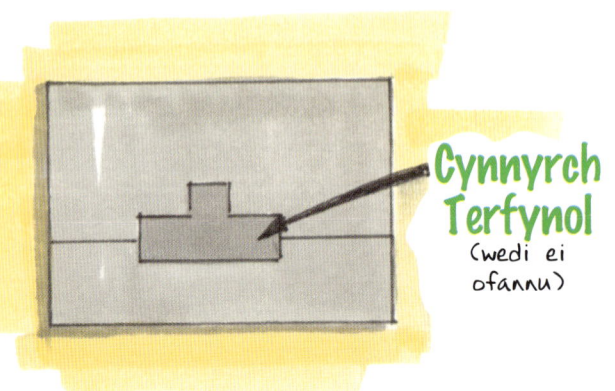

Cynnyrch
Terfynol
(wedi ei
ofannu)

Defnyddir proses ofannu oer debyg i stampio allan darnau arian a medalau. Yr enw ar hyn yw bathu.

Ar ei ffurf symlaf, mae castio'n golygu arllwys metel a wresogwyd ac a doddwyd i mewn i fowld. Mae hyn yn debyg i lenwi mowld jeli.

Castio Tywod Patrwm Hollt

Fe'i defnyddir i ffurfio metelau megis haearn bwrw, alwminiwm a phres.

Gwneir patrwm o bren megis MDF neu Jelwtong. Gwneir y patrwm mewn dau hanner, a gysylltir wedyn â bwrdd.

Mae'r patrwm yn gorwedd rhwng bocsys agored a elwir yn gopa a drag.

Defnyddir tywod castio arbennig sy'n cynnwys olew i lenwi pob bocs. Mae un o'r bocsys hefyd yn cynnwys dau beg pren taprog a fydd yn ffurfio'r pigau tywallt.

Tynnir y patrwm ymaith a llenwir y bwlch sydd ar ôl â metel tawdd.

Mae'r dull hwn, sydd yn gyffredin mewn ysgolion, yn union debyg, bron, i'r broses ddiwydiannol.

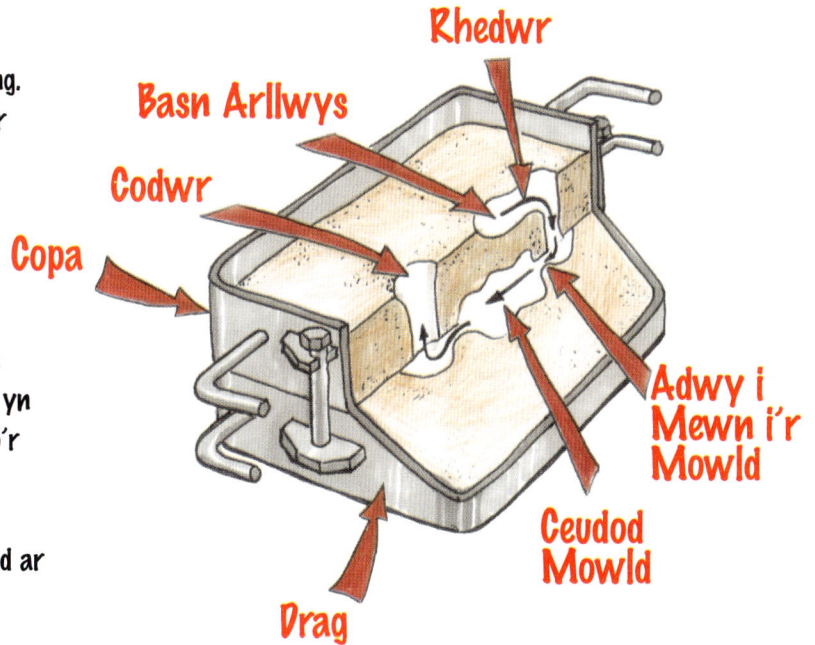

Rhedwr

Basn Arllwys

Codwr

Copa

Adwy i Mewn i'r Mowld

Ceudod Mowld

Drag

Castio Patrwm Coll

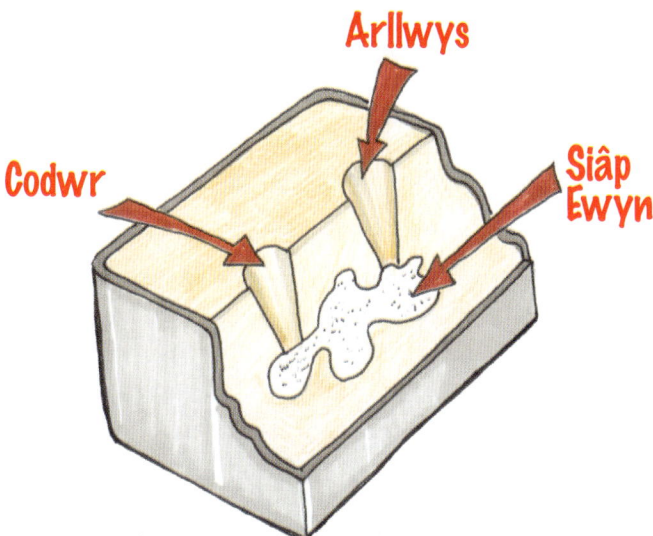

Arllwys

Codwr

Siâp Ewyn

Fe'i defnyddir i ffurfio metelau megis alwminiwm yn ffurfiau cyflawn, rhywbeth na ellid ei wneud drwy ddefnyddio castio patrwm hollt.

Gwneir patrwm o ewyn polystyren.

Claddir yr ewyn yn y tywod ac ychwanegir pigau arllwys a chodwyr.

Arllwysir y metel tawdd i'r mowld, ac ar unwaith mae'n llosgi'r ewyn polystyren ymaith, gan lenwi'r bwlch â metel tawdd.

Rhaid gwaredu'r mygdarthau gwenwynig a gynhyrchir gan y dull hwn.

Defnyddir fersiwn mwy soffistigedig o'r broses hon gan emyddion i gynhyrchu modrwyon a thlysau. Chwiliwch am 'castio cŵyr coll'. Defnyddir fersiwn mwy soffistigedig fyth pan weithgynhyrchir o brototeipiau cyflym. Chwiliwch am 'lithograffi stereo'.

Deigastio Diwydiannol

Mae deigastio'n debyg iawn i fowldio chwistrellu ac fe'i defnyddir i weithgynhyrchu symiau sylweddol o gynhyrchion metel. Gellir defnyddio aloion â thoddbwynt is megis piwter, aloion alwminiwm ac aloion sinc.

Caiff y mowld ei greu drwy ddefnyddio sbarc i erydu'r ffurf sydd ei angen i ddau floc o ddur. Oerir y mowld hwn â dŵr i reoli'r tymheredd.

Gwresogir y metel mewn crwsibl nes bydd yn troi'n fetel tawdd.

Mae piston hydrolig yn gwthio rhywfaint o'r metel tawdd i'r mowld.

Cynhelir y gwasgedd nes bydd y metel wedi oeri digon cyn agor y mowld.

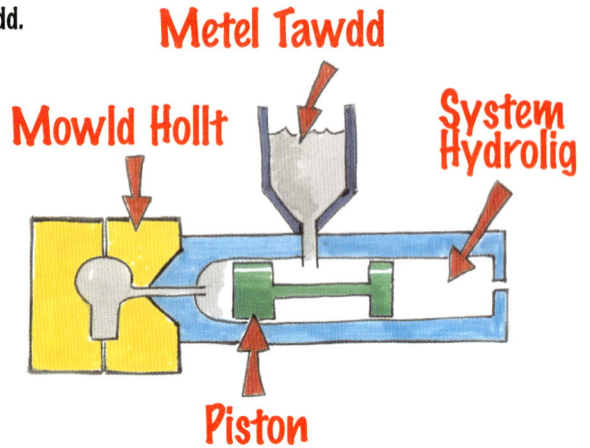

Metel Tawdd

Mowld Hollt

System Hydrolig

Piston

Deigastio yn yr Ysgol

Gellir dyblygu deigastio yn yr ysgol drwy ddefnyddio piwter wedi ei doddi gan wn tynnu paent trydan neu chwythlamp. Gellir peiriannu'r mowld allan o MDF neu flociau o ewyn modelu dwysedd uchel drwy ddefnyddio peiriant melino CNC.

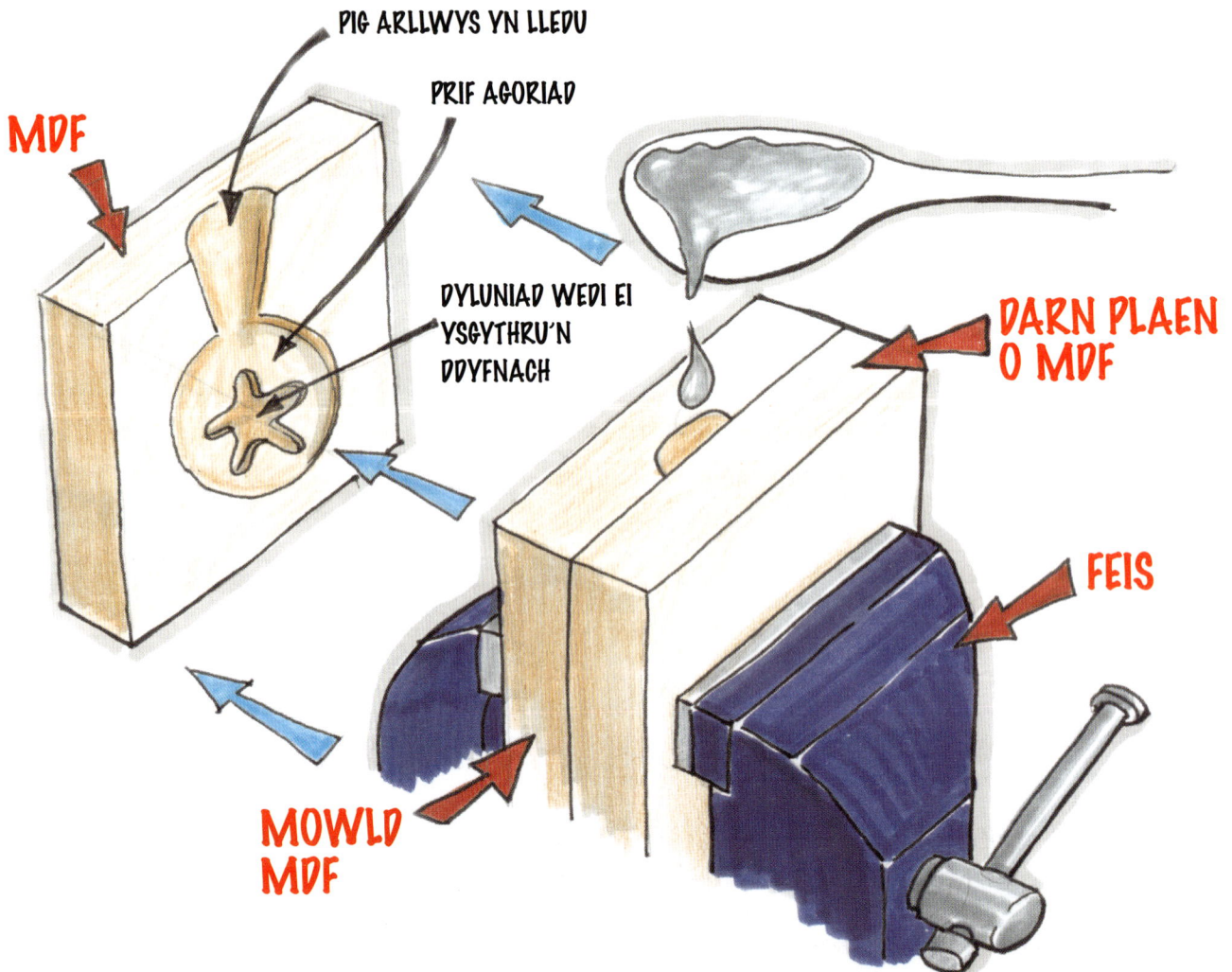

PIG ARLLWYS YN LLEDU

PRIF AGORIAD

MDF

DYLUNIAD WEDI EI YSGYTHRU'N DDYFNACH

DARN PLAEN O MDF

FEIS

MOWLD MDF

Mowldio Chwistrellu

Y defnyddiau nodweddiadol ar gyfer y broses hon yw: POLYTHEN, POLYSTYREN, POLYPROPYLEN a NEILON.

- Porthir powdr neu ronigion plastig o'r hopran i gasgen ddur wag.

- Mae'r gwresogyddion yn toddi'r plastig wrth i'r sgriw ei symud tuag at y mowld.

- Pan fydd digon o blastig tawdd wedi casglu, bydd y system hydrolig yn gwthio'r plastig i'r mowld.

- Mae'r gwasgedd yn parhau hyd nes bydd y mowld wedi oeri digon i'w agor.

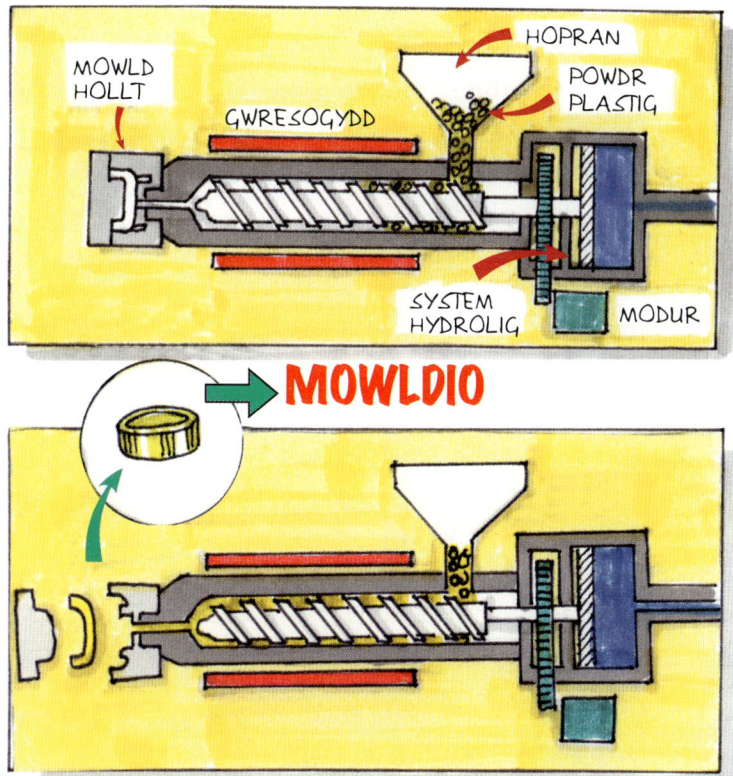

Allwthiad

Y defnyddiau nodweddiadol ar gyfer y broses hon yw: POLYTHEN, PVC a NEILON. Yn ogystal, gellir allwthio aloion alwminiwm, er bod y metel yn cael ei wresogi ar wahân.

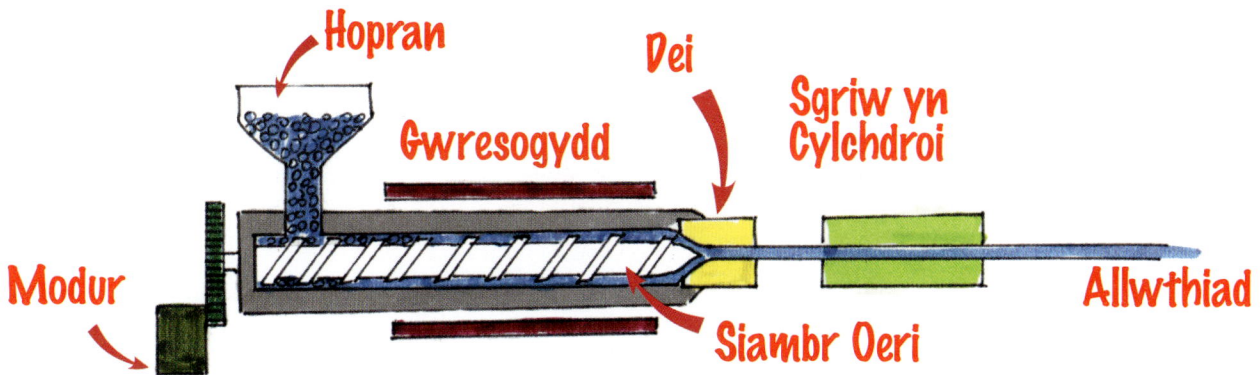

- Porthir gronigion plastig i'r hopran gan y sgriw sy'n cylchdroi.

- Gwresogir y gronigion wrth iddynt gael eu porthi drwodd.

- Y gwahaniaeth rhwng y broses mowldio chwistrellu a'r broses allwthio yw bod y plastig meddal yn cael ei wthio'n un llif cyson drwy ddei, er mwyn creu tiwb hir neu allwthiadau adrannol.

- Yna, mae'r allwthiadau'n pasio drwy siambr oeri cyn cael eu torri i'r hyd angenrheidiol.

Chwythfowldio

Defnyddiau a ddefnyddir yn gyffredin yw PVC, POLYTHEN a POLYPROPYLEN. Mae'r broses hon yr un fath â'r broses ALLWTHIAD, ar wahân i'r cyflenwad aer a mowld hollt yn lle'r siambr oeri.

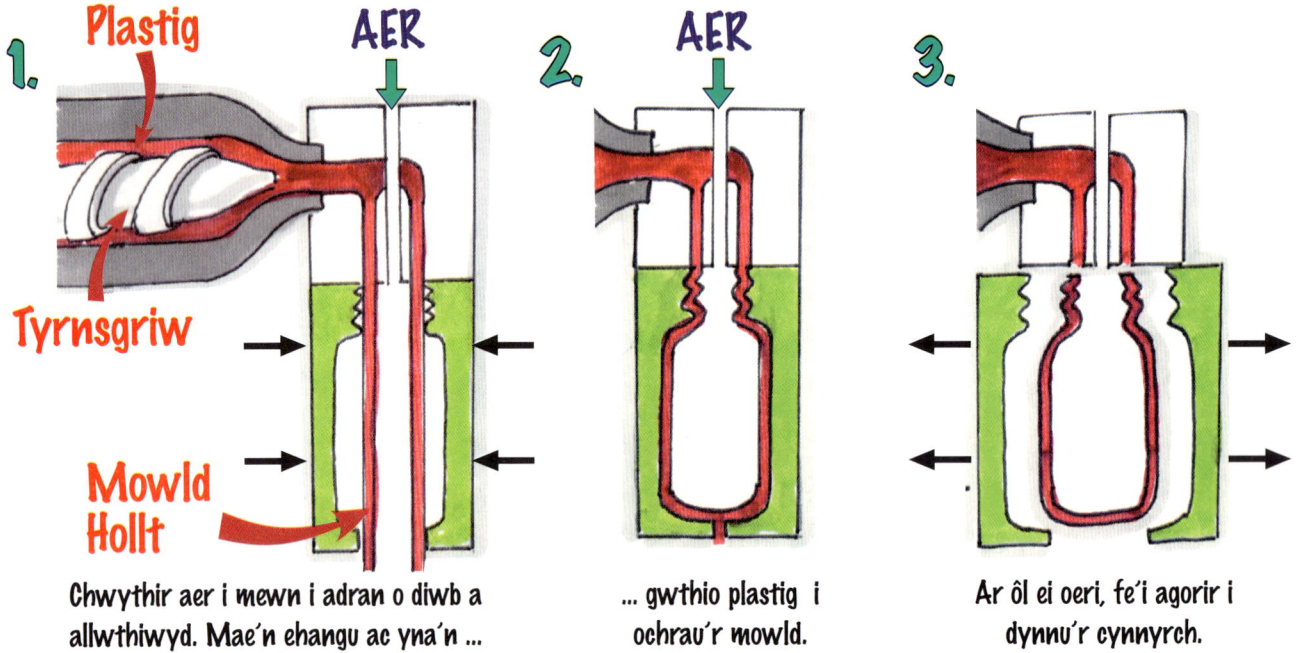

1. Plastig / AER / Tyrnsgriw / Mowld Hollt

2. AER

3.

Chwythir aer i mewn i adran o diwb a allwthiwyd. Mae'n ehangu ac yna'n ...

... gwthio plastig i ochrau'r mowld.

Ar ôl ei oeri, fe'i agorir i dynnu'r cynnyrch.

Mae dull arall o chwythfowldio'n defnyddio blanc potel wedi ei fowldio drwy chwistrellu, a elwir yn parison. Mae hwn yn cael ei glampio o amgylch edau'r sgriw, ei gynhesu a'i chwythu allan i lenwi'r mowld. Defnyddir y dull hwn yn aml ar gyfer poteli diod gan ei fod yn cadw gwddf y botel yn fwy trwchus ac yn gryfach.

Mowldio Drwy Gywasgu

Defnyddir FFENOL, WREA a MELAMIN FFORMALDEHYD yn y broses hon.
- Defnyddir grym sylweddol i wasgu ciwb o bolymer i fowld a wresogwyd.
- Mae'r ciwb polymer ar ffurf powdr, a elwir yn 'slycsen'.
- Defnyddir mowldin drwy gywasgu gyda PHLASTIGION THERMOSODOL.

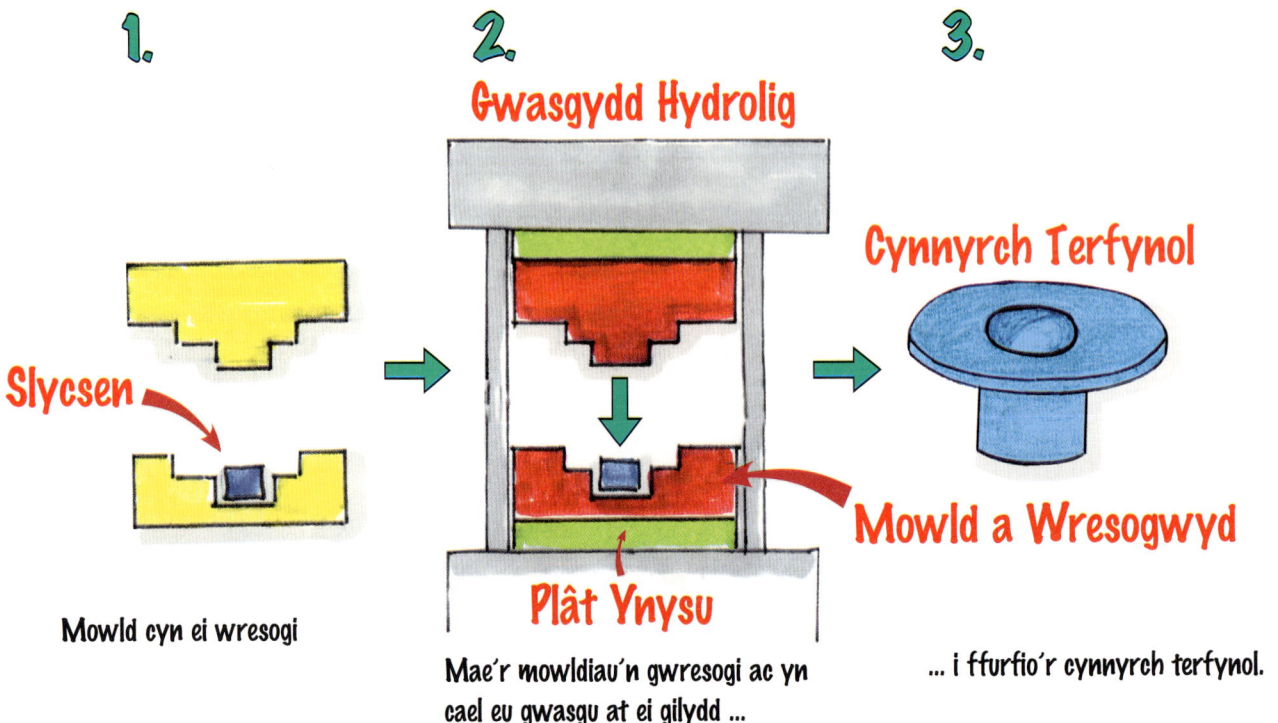

1. Slycsen

2. Gwasgydd Hydrolig / Plât Ynysu

3. Cynnyrch Terfynol / Mowld a Wresogwyd

Mowld cyn ei wresogi

Mae'r mowldiau'n gwresogi ac yn cael eu gwasgu at ei gilydd ...

... i ffurfio'r cynnyrch terfynol.

Mowldio Cylchdro

Gellir defnyddio'r broses hon yn lle mowldio CHWISTRELLU neu CHWYTHFOWLDIO. Mae cost y mowldiau'n llawer is (hyd at 90%). Mae'n haws gwneud newidiadau i fowld cylchdro, gan leihau'r amser a dreulir i ddatblygu cynnyrch yn y broses weithgynhyrchu. Mae gan beiriant mowld cylchdro dair braich wedi eu cysylltu â'r peiriant yn yr un pwynt. Cysylltir mowldiau â phob braich a chânt eu cylchdroi'n barhaus gyda phowdr thermoplastig.

- Fe'i defnyddir i wneud peli troed, conau ffordd a thanciau storio.
- Gwneir mowldinau o BOLYTHEN (PE) – mae'n gallu gwrthsefyll tân a fandaliaid.

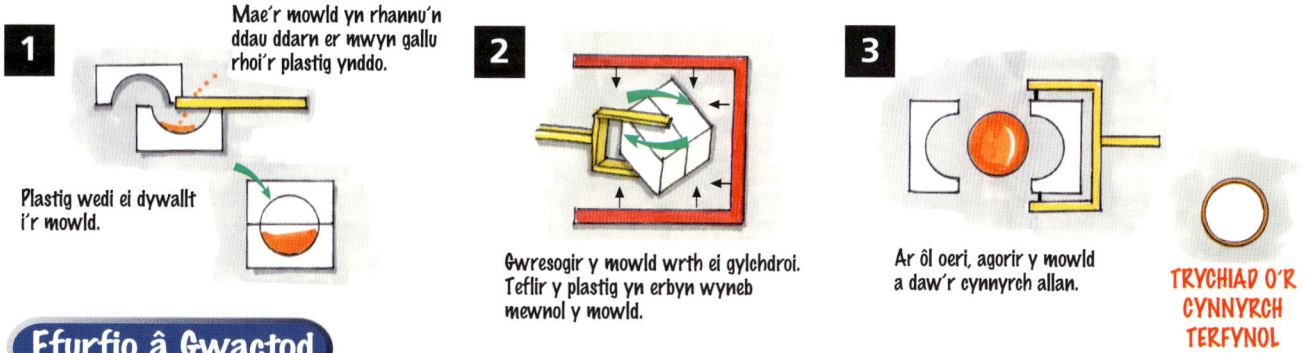

1 Mae'r mowld yn rhannu'n ddau ddarn er mwyn gallu rhoi'r plastig ynddo.

Plastig wedi ei dywallt i'r mowld.

2 Gwresogir y mowld wrth ei gylchdroi. Teflir y plastig yn erbyn wyneb mewnol y mowld.

3 Ar ôl oeri, agorir y mowld a daw'r cynnyrch allan.

TRYCHIAD O'R CYNNYRCH TERFYNOL

Ffurfio â Gwactod

Mae'r dechneg hon yn defnyddio defnyddiau thermoplastig ar ffurf llenni hyd at 1.5m × 1.8m o faint. Y defnydd mwyaf poblogaidd, o bosib, yw Polystyren Ardrawiad Uchel (H.I.P.S.) sy'n rhad ac yn hawdd ei ffurfio. Yn ei hanfod, mae'r broses yn dibynnu ar 'sugno' plastig a wresogwyd i ben mowld o'r siâp sydd ei angen.

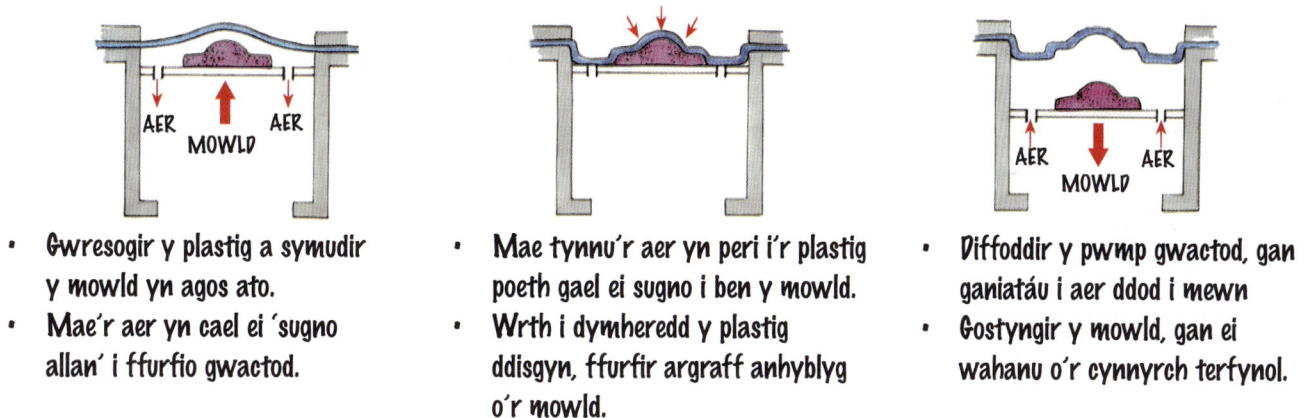

- Gwresogir y plastig a symudir y mowld yn agos ato.
- Mae'r aer yn cael ei 'sugno allan' i ffurfio gwactod.

- Mae tynnu'r aer yn peri i'r plastig poeth gael ei sugno i ben y mowld.
- Wrth i dymheredd y plastig ddisgyn, ffurfir argraff anhyblyg o'r mowld.

- Diffoddir y pwmp gwactod, gan ganiatáu i aer ddod i mewn
- Gostyngir y mowld, gan ei wahanu o'r cynnyrch terfynol.

Plygu Llinell

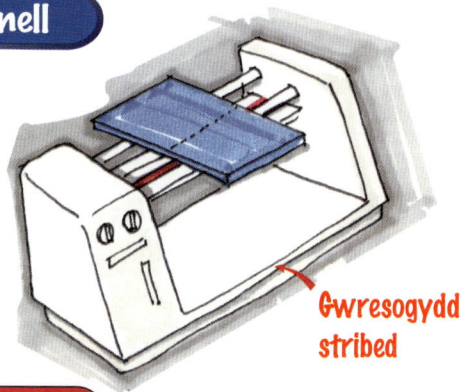

Gwresogydd stribed

- Unwaith eto, defnyddir llenni thermoplastig ar gyfer y dechneg hon, ond y tro hwn fe'u gwresogir ar hyd y llinell lle bwriedir plygu'r plastig, drwy gyfrwng elfen wresogi.
- Mae switshis tymheredd yn rheoli faint o wres a gynhyrchir ar gyfer defnyddiau o wahaol drwch.
- Yn aml, defnyddir llenni acrylig ar gyfer y broses hon, a gellir defnyddio jigiau plygu i greu onglau manwl gywir, a siapiau.

AWGRYM DIOGELWCH
Cadwch eich bysedd yn glir o'r elfen wresogi a chofiwch ei diffodd bob amser ar ôl ei defnyddio.

JIG

Mae nifer o uniadau traddodiadol y gellir eu defnyddio i sicrhau bod gan gynnyrch gryfder adeileddol (ac efallai fod angen ymchwil pellach i'r maes hwn). Dyma ddetholiad bach o'r rhai a ddefnyddir yn gyffredin mewn ysgolion.

Uniad Bôn

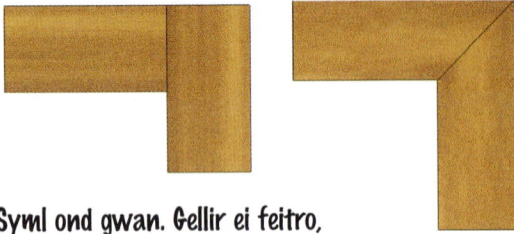

Syml ond gwan. Gellir ei feitro, rhywbeth a wneir yn aml ar gyfer fframiau llun.

Uniad Mortais a Thyno

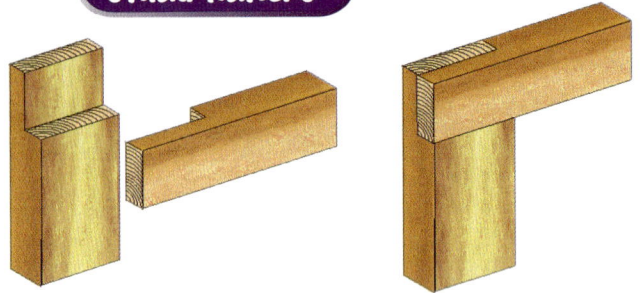

Uniad cryf. Mae'n hawdd cofio enwau pob rhan gan fod offer wedi cael eu henwi i gyd-fynd â'r uniadau - llif dyno, cŷn mortais. Ym myd cynhyrchu masnachol, mae'r mortais wedi cael ei felino allan ac felly peiriannir y tyno fel bod ganddo ymyl crwm.

Goruniad

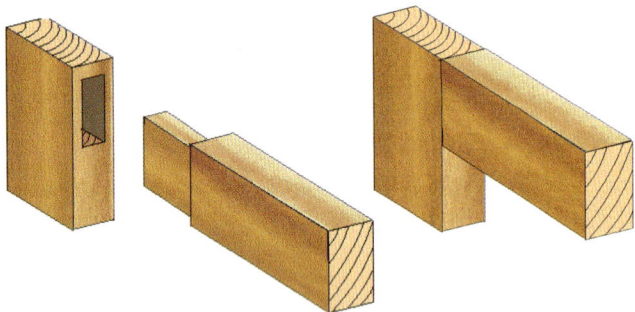

Ychydig yn gryfach nag uniadau bôn gan fod mwy o le ar gyfer gludio. Fe'i cryfheir yn aml â hoelion.

Uniad Cynffonnog

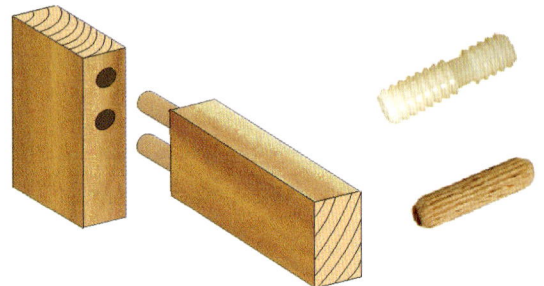

Yr uniad cryfaf ar gyfer adeiladweithiau blwch o goed naturiol. Maent yn addurniadol iawn, ond gall fod yn anodd iawn eu torri â llaw, gyda llif a chŷn. Mae jigiau ar gael ar gyfer defnyddio torrwr cynffonnog arbennig mewn llwybrydd.

Uniad Haneru

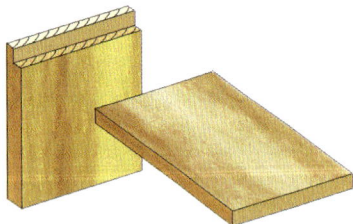

Mae sawl amrywiad i'r uniad hwn, sy'n golygu defnyddio llif a chŷn i dynnu hanner y defnydd o'r naill ddarn a'r llall. Weithiau rhoddir hoelbren drwy'r uniad i'w gryfhau.

Uniad Hoelbren

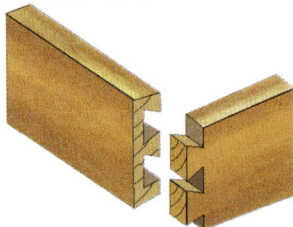

Yn hawdd iawn ei gynhyrchu ac yn boblogaidd o fewn cynhyrchu masnachol gan ei fod yn dibynnu ar dyllau a phegiau (hoelbrennau) wedi'u halinio. Mae rhai cynnyrch masnachol yn defnyddio hoelbrennau plastig, danheddog ar gyfer cydosod yn y cartref.

Uniad Rhigol Draws

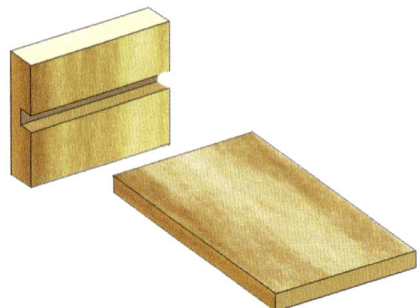

Torrir agen syml yn un darn i wneud mwy o le ar gyfer y glud. Gwneir hyn yn aml gyda llwybrydd trydanol ac mae'n arbennig o effeithiol gydag MDF.

Mewn cynhyrchu masnachol, mae dulliau newydd o wneud uniadau, sy'n gyflymach i'w cynhyrchu ac yn aml yn gryfach, yn cymryd lle'r uniadau pren traddodiadol. Mae'r duedd i gynhyrchu llawer o gynhyrchion ar ffurf 'fflat pac' wedi hyrwyddo'r tueddiad hwn.

Hoelion

Uniad gwan iawn sy'n cryfhau ychydig wrth iddynt rydu o fewn y pren. Yn aml, fe'u defnyddir gyda glud i gysylltu cefnau cypyrddau, i wneud mowldinau addurniadol ac ar gyfer gwaith adeiladu a DIY cyffredinol. Mae sawl math o hoelen ar gael.

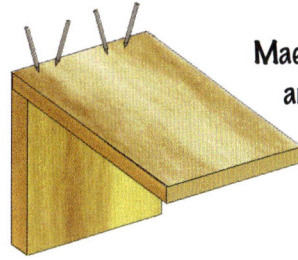

Mae rhoi hoelion i mewn ar ongl (cynffonni) yn creu uniad cryfach.

Sgriwiau

Yn aml, fe'u defnyddir gyda glud. Gallant fod yn gryf iawn os defnyddir hwy yn groes i'r graen. Mae llawer o wahanol fathau ar gael, ond defnyddir llawer mwy o sgriwiau pen croes erbyn hyn gan eu bod yn haws eu gyrru i'r pren â llaw neu drwy ddefnyddio gyrrwr trydanol. Mae'n ddefnyddiol ar gyfer cysylltu defnyddiau eraill, megis metelau neu blastigion, â phren.

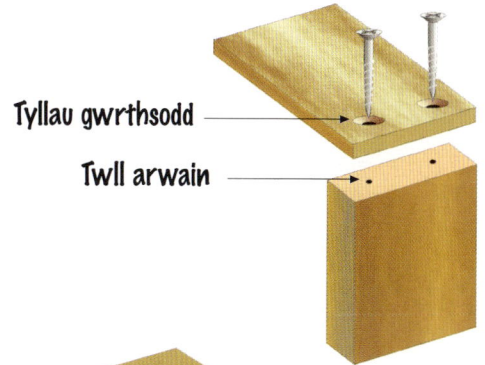

Tyllau gwrthsodd

Twll arwain

Uniad Bisged

Dull cyflym a hawdd iawn o uno byrddau naill ai ar onglau sgwâr (fel y gwelir yma) neu ochr yn ochr i wneud byrddau lletach. Defnyddir torrwr trydanol i wneud agennau yn y bwrdd. Mae'r 'bisgedi' yn ddarnau eliptig o bren sydd wedi cael eu sychu a'u cywasgu. Ar ôl ychwanegu glud, mae'r bisgedi'n chwyddo ac yn atgyfnerthu'r uniad, yn debyg i fortais a thyno.

Gosodion Datgysylltiol (*Knock-down*)

Erbyn hyn mae ystod eang o osodion datgysylltiol ar gael sy'n ddigonol ar gyfer anghenion DIY a chynhyrchu masnachol.

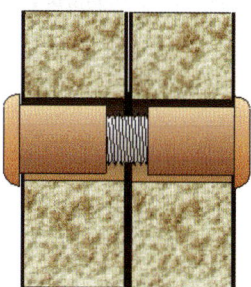

Sgriwiau cabinet. Fe'u defnyddir i gysylltu unedau cegin â'i gilydd.

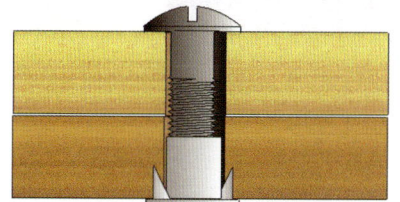

Nyten big. Mae'n ddefnyddiol iawn os ydych yn bwriadu ei dynnu allan eto. Yn syml iawn, mae'n tapio i dwll i greu mewnosodiad ag edau ynddo a fydd yn dal ystod eang o sgriwiau peiriant.

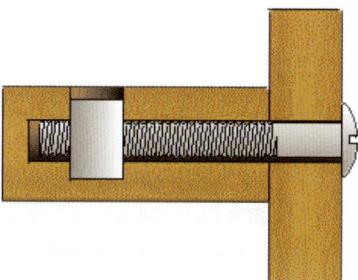

Hoelbren croes. Mewnosodiad metel gydag edau sgriw sy'n eistedd mewn twll ac yn derbyn ystod o sgriwiau peiriant. Mae'n gryf iawn .

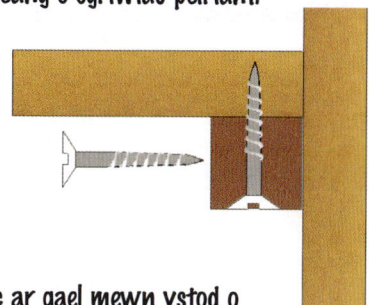

Mae uniadau bloc ar gael mewn ystod o liwiau. Defnyddir y blociau plastig hyn i dderbyn sgriwiau o bob cyfeiriad. Maent yn addas ar gyfer uniadau blwch syml.

Gellir uno metelau drwy ddefnyddio gwres ac aloi bondio i greu uniad parhaol. Y dulliau mwyaf cyffredin yw sodro meddal, sodro caled a weldio.

Sodro

SODRO MEDDAL

Mae sodro meddal yn ddull o uno darnau metel drwy ddefnyddio aloi sail plwm. Rhoddir fflwcs ar yr uniad ac yna fe'i gwresogir drwy ddefnyddio tortsh nwy neu ebill sodro metel. Defnyddir sodro meddal ar gyfer cymwysiadau ysgafn megis cysylltiadau trydanol ac uniadau plymio.

SODRO CALED

Defnyddir presyddu, sef y fersiwn mwyaf cyffredin, ar gyfer cymwysiadau trymach gan fod yr uniad yn llawer cryfach. Mae'r aloi bondio pres (neu sbelter) yn ymdoddi ar dymheredd llawer uwch na sodro meddal. Cymysgir fflwcs boracs â dŵr i wneud past ac yna fe'i rhoir ar yr uniad. Yna, fe'i gwresogir gyda thortsh nwy nes bydd yn lliw oren, ac yna bydd y sbelter yn toddi o gwmpas yr uniad. Defnyddir y dull hwn amlaf ar gyfer uno dur meddal ond gellir presyddu copr hefyd.

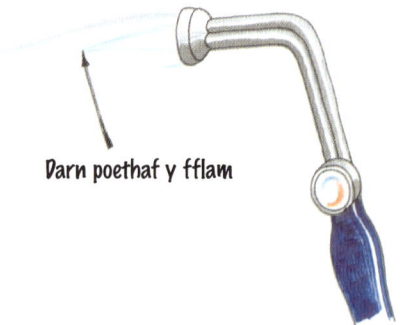

Darn poethaf y fflam

CHWYTH DORTSH
AER / NWY

ARIANSODRO

Mae ariansodro yn broses sydd bron yn union yr un fath â phresyddu ond defnyddir aloi sail arian. Defnyddir ariansodro ar bres, copr a metel euro gan fod yr aloi bondio yn ymdoddi ar dymheredd is na sbelter presyddu.

Weldio

Defnyddir nifer o ddulliau i doddi pwll o'r metelau sy'n cael eu huno gyda'r aloi bondio.

WELDIO NWY

Ar gyfer weldio nwy, defnyddir tortsh i wresogi'r uniad. Mae cymysgedd o nwy asetylen ac ocsigen yn creu fflam boeth fach iawn sy'n toddi'r rhoden lenwi a hefyd y metel amgylchynnol. Mae cyfarpar weldio nwy yn beryglus iawn ac ni ddylai neb ei ddefnyddio ar wahân i staff hyfforddedig mewn ysgolion.

WELDIO MIG

Weldio MIG a ddefnyddir amlaf mewn ysgolion. Mae gwreichionen drydanol yn creu'r gwres. Oerir yr ardal lle mae'r weldio'n digwydd gyda chymysgedd nwy o argon a charbon deuocsid. Mae'r wreichionen hefyd yn creu golau llachar iawn a fydd yn niweidio'r golwg, ac felly rhaid defnyddio masg i amddiffyn yr wyneb wrth weldio. Mae MIG yn un ffurf o arc-weldio trydanol ac fe'i defnyddir yn aml ar gyfer weldio cynhyrchion, drwy ddefnyddio robotiaid.

SBOTWELDIO

Mae sbotweldio yn un ffurf o weldio gwrthiant ac fe'i defnyddir ar gyfer toddi darnau o len dur tenau gyda'i gilydd, megis wrth wneud cyrff ceir. Mae electrodau, a wneir fel rheol o gopr, yn gorwedd y naill ochr a'r llall i'r metel, a gyrrir cerrynt rhyngddynt. Mae'r gwrthiant yn creu'r gwres sy'n bondio'r ddau fetel mewn man bach iawn. Gellir defnyddio olwynion i gyflawni proses debyg, o'r enw weldio sêm. Mae sbotweldio'n arbennig o addas i'w ddefnyddio â breichiau robot, gan fod y broses mor hawdd ei rheoli.

Yn aml, mae metelau'n cael eu huno'n barhaol drwy ddulliau thermol. Mantais dulliau uno mecanyddol yw eu bod yn gallu uno metelau annhebyg (ac yn wir, defnyddiau eraill at fetelau). Gellir defnyddio dulliau thermol i fondio rhai plastigion, er y defnyddir adlynion yn amlach. Gellir defnyddio'r dulliau canlynol gyda metelau a phlastigion fel ei gilydd.

Nytiau a Bolltau

Mae nifer o amrywiadau i'r dull hwn o uno. Weithiau torrir edafedd i mewn i un darn o'r defnydd.

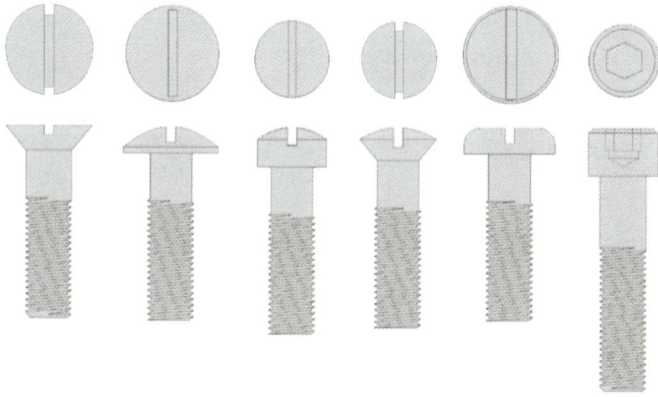

Mae gan folltau amrywiaeth o bennau. Mae'r edafedd yn amrywio hefyd, er bod edafedd metrig yn safonol, bron, mewn ysgolion erbyn hyn – M3 i M12 yw'r rhai mwyaf poblogaidd. Mae sawl hyd ar gael, – yn nodweddiadol, 20mm – 100mm. Gelwir bolltau llai eu maint yn sgriwiau peiriant ac mae'r edau ar hyd y sgriw.

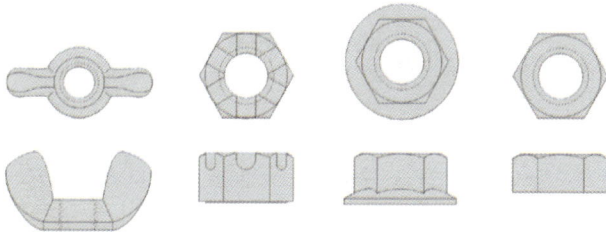

Wrth gwrs, rhaid i nytiau gyd-fynd ag edau'r follt, ac felly mae amrywiaeth ohonynt ar gael. Mae nytiau asgellog yn cael eu tynhau â llaw, ac maent yn ddefnyddiol ar gyfer uniadau mwy dros dro. Rhaid tynhau nytiau pen hecsagonol â sbaner.

Nyten

Bollt

Wasier

Twll Cliriad

Fel rheol, defnyddir wasier dan y nyten. Gall fod yn gylch plaen, neu'n sbring, i gadw'r nyten rhag dirgrynu'n rhydd.

Rhybedion

Mae rhybedion yn ddull mwy parhaol o uno na nytiau a bolltau. Mae rhybedion yn ffurfio pen ar y naill ochr a'r llall i'r defnyddiau sy'n cael eu huno. Y dull traddodiadol yw morthwylio diwedd y rhybed i ffurfio ail ben. Erbyn hyn, mae rhybedion pop yn ddull llawer mwy cyffredin.

Mae amrywiaeth o bennau ar gael. Fel rheol, gwneir rhybedion o ddur meddal, copr neu alwminiwm.

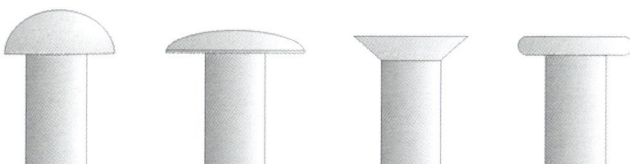

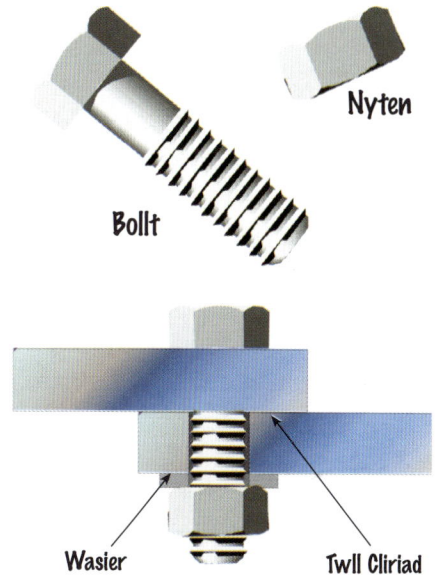

Gwn Rhybed Pop

Rhybed yn cael ei mewnblannu o un ochr

Mae'r pin yn torri ymaith, gan chwyddo'r pen ar yr ochr waelod.

Gellir torri edau ar y rhan fwyaf o fetelau, rhai plastigion a hyd yn oed rhai prennau caled, er bod yr olaf yn dasg arbenigol iawn a gyfyngir fel rheol i'r diwydiant gwneud teganau.

Tapio

Fel rheol, torrir edafedd mewnol, neu fenywaidd, drwy ddefnyddio tap. Mae hwn yn erfyn dur caled iawn sy'n creu ei edau ei hunan wrth gael ei ddirdroi i mewn i'r defnydd.

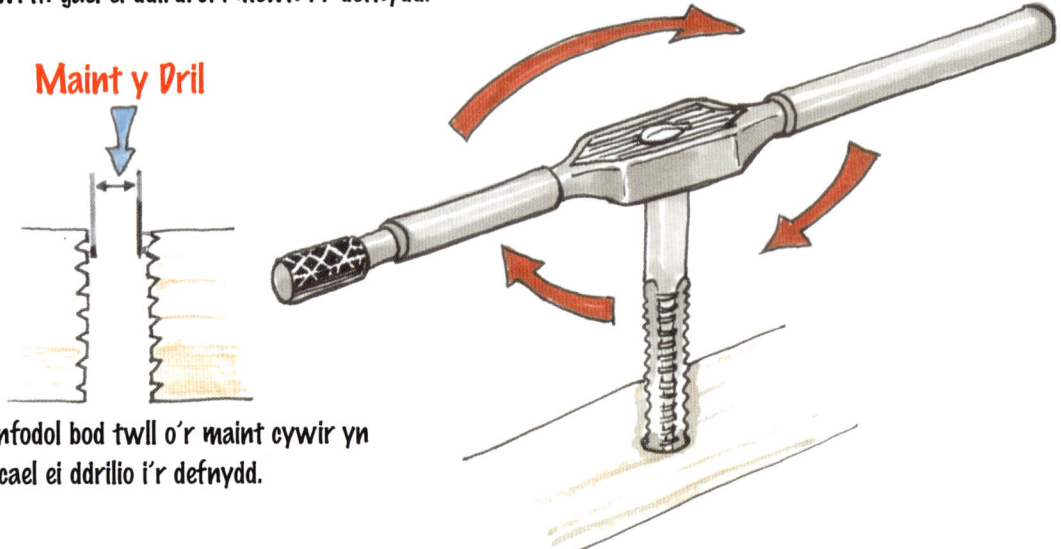

Maint y Dril

Mae'n hanfodol bod twll o'r maint cywir yn cael ei ddrilio i'r defnydd.

Defnyddir tyndro tap i droi'r tap.

Edafu

Torri edau allanol, neu wrywaidd, yw edafu. Defnyddir erfyn a elwir yn ddei hollt, ac mae'n cael ei ddal mewn cyff dei fel y gellir ei droi.

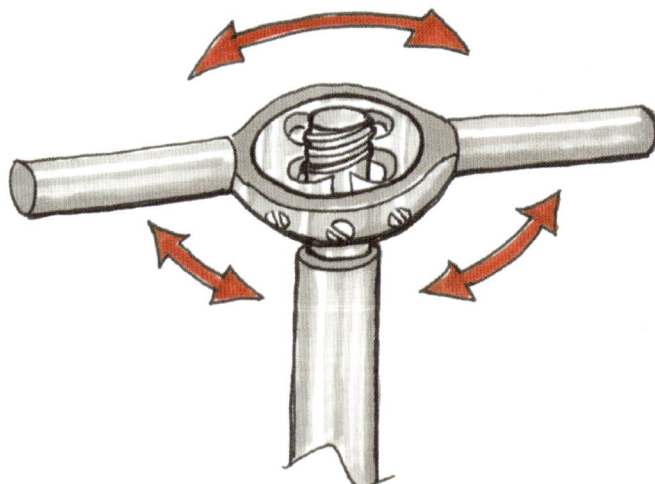

Dei yn ei stoc

Torri Edau ar Durn

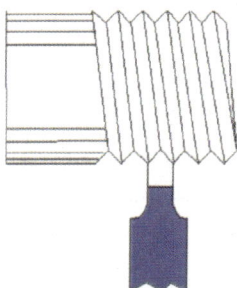

Gellir torri edau â thurn. Mewn diwydiant, mae sawl edau yn cael eu rholio; mae rholeri edau caled yn cylchdroi'r defnydd ac yn ei wasgu i siâp. Mae hwn yn fath o ofannu oer. Fel rheol, mae edafedd plastig yn cael eu mowldio drwy chwistrellu.

Mae adlynion yn gweithio yn ôl nifer o egwyddorion gwahanol. Gweithgynhyrchir llawer o adlynion arbenigol ar gyfer pwrpasau penodol.

PVA

Mae Polyfinyl Asetad yn adlyn gwyn sail dŵr. Mae'r PVA yn mynd i mewn i'r arwyneb ac yn setio pan fydd y pren wedi amsugno'r dŵr. Yn aml, ystyrir ei fod yn gryfach na'r ffibrau coed eu hunain, ac felly'n gwneud bond cryf iawn.

Resin Synthetig

Adlyn gwrth-ddŵr sy'n cael ei gymysgu â dŵr i roi ansawdd hufennog. Mae caledu cemegol yn digwydd. Caled a brau iawn. Bydd yn setio yn yr allfa blymio, felly peidiwch â golchi'r gweddill i lawr y sinc!

Sment Hydoddydd

Mae sawl math ar gael. Yr un mwyaf cyffredin yw Dicloromethan, sy'n gweithio drwy hydoddi arwyneb plastigion caled megis Acrylig a Pholystyren Ardrawiad Uchel. Rhyddheir mygdarthau peryglus iawn, felly mae awyriad yn hanfodol.

Glud Tawdd Poeth

Defnyddir gyniau glud yn rheolaidd mewn ysgolion. Mae glud tawdd poeth yn ddefnyddiol ar gyfer modelu cyflym ond ni ellir ei ddefnyddio'n aml yn y cynhyrchion terfynol.

Resin Epocsi

Adlyn amlbwrpas ond drud a fydd yn glynu wrth y rhan fwyaf o ddefnyddiau glân a sych. Cymysgir symiau cyfartal o resin a chaledwr gyda'i gilydd. Mae'n setio'n gemegol i ffurfio defnydd caled iawn.

Gludydd Cyswllt

Argaenir y ddau arwyneb a gadewir iddynt sychu nes eu bod yn sych i'r cyffyrddiad. Mae adlyniad yn digwydd cyn gynted ag y bydd y ddau arwyneb yn cyfarfod. Mae mygdarthau'r hydoddydd yn beryglus iawn ac mae awyriad da yn hanfodol.

Adlyn Latecs

Hydoddiant rwber sy'n rhad ac yn ddiogel iawn. Nid yw'n rhyddhau unrhyw fygdarthau peryglus er nad yw'r arogl yn ddymunol.

	FFABRIG	PLASTIGION	METELAU	PREN
PREN	PVA	GLUDYDD CYSWLLT	GLUDYDD CYSWLLT	PVA NEU RESIN SYNTHETIG
METELAU	GLUDYDD CYSWLLT	GLUDYDD CYSWLLT	RESIN EPOCSI	GLUDYDD CYSWLLT
PLASTIGION	GLUDYDD CYSWLLT	SMENT HYDODDYDD	RESIN EPOCSI	GLUDYDD CYSWLLT
FFABRIG	ADLYN LATECS	GLUDYDD CYSWLLT	GLUDYDD CYSWLLT	PVA

Mae'r siart gyferbyn yn cynnig rhywfaint o arweiniad cychwynnol, ond mae'n werth profi samplau'n gyntaf bob amser, yn enwedig wrth ludo plastigion.

Mae cywirdeb yn rhan bwysig o'ch asesiad gwaith cwrs ac mae'n anodd dychmygu unrhyw gynnyrch a weithgynhyrchwyd lle nad oes angen mesur i ryw raddau. Mae'n bwysig gwirio mesuriadau allweddol hefyd, yn enwedig pan fydd darnau'n gorfod ffitio i'w gilydd.

Riwl Ddur

Erfyn mesur sydd yn gywirach ar y cyfan na riwl swyddfa. Mae'r pwynt sero'n dechrau ar ben y riwl ac felly gallwch fesur yn gywirach o ymyl darn o ddefnydd. Yn DT defnyddir milimetrau yn hytrach na chentimetrau – h.y. 200mm nid 20cm.

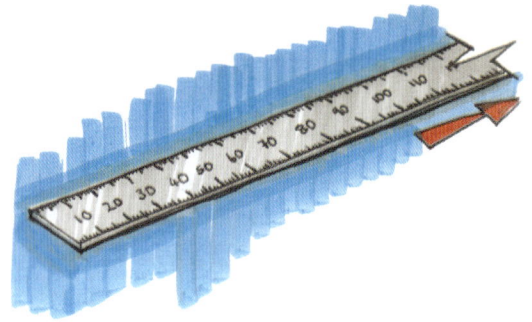

Tâp Mesur Dur

Cymorth hanfodol wrth weithio ar ddefnyddiau mwy o faint. Mae'r ymyl ym mhen y tâp yn caniatáu i chi fesur o ymyl y defnydd neu yn erbyn arwyneb sydd wedi'i godi.

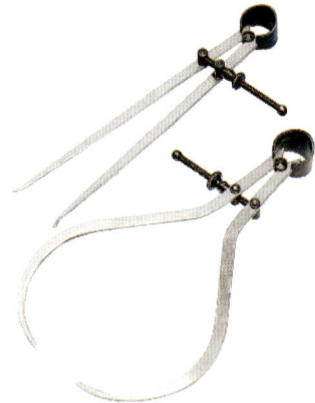

Caliperau

Fe'u defnyddir i fesur tu allan neu du mewn bariau crwn a thiwbiau. Pan dynnir hwy ar draws wyneb y defnydd dylai deimlo fel petaech yn llusgo magnet. Nid ydynt yn ddigon manwl gywir ar gyfer tasgau lle mae angen trachywiredd, ond maent yn addas pan ddefnyddir adlynion neu pan fydd angen sodro.

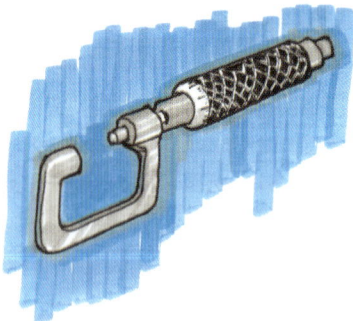

Micromedr

Er ei fod yn mesur dimensiynau allanol yn unig, mae'n fanwl gywir hyd at 0.01mm. Mae mecanwaith clicied yn atal y safnau rhag cael eu gwasgu'n rhy galed. Mae micromedrau ar gael ar gyfer ystod benodol o fesurau yn unig, er enghraifft 0-50mm, 50mm-100mm.

Medrydd Fernier

Yn gywir iawn ar gyfer mesur dimensiynau mewnol ac allanol. Mae'n debyg mai'r fersiynau digidol diweddaraf yw'r offer mesur cywiraf sydd ar gael i chi.

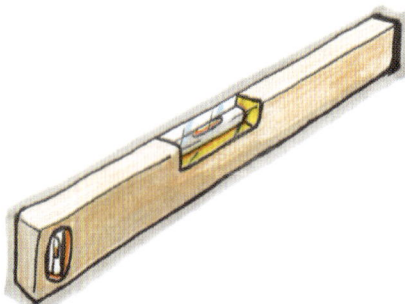

Lefel Wirod

Erfyn ar gyfer gwirio arwynebau llorweddol a fertigol. Rhaid i'r swigen yn y tiwb orwedd rhwng y marciau. Yn arbennig o ddefnyddiol wrth ffitio silffoedd, er enghraifft.

Mae'n bosibl y bydd rhaid i chi weithgynhyrchu nifer o eitemau sydd yn union debyg i'w gilydd, er enghraifft darnau o set adeiladu i blentyn. I sicrhau bod pob darn yn union yr un fath bydd angen i chi wirio mesuriadau mewn rhyw ffordd. Gallai hyn fod yn un rhan o'ch trefnau sicrwydd ansawdd.

Gellid defnyddio unrhyw rai o'r offer a restrir ar y dudalen flaenorol i wirio mesuriadau. Fodd bynnag, yn aml mae'n haws gwneud erfyn arbennig os bydd angen llawer o fesuriadau unfath.

Ffon Fesur

Gellir defnyddio darn syml o ddefnydd wedi ei dorri i wirio hyd. Os caiff ei dorri â phig ar bob pen, mae'n arbennig o ddefnyddiol ar gyfer gwirio bod croeslinau blwch yr un fath (ac felly bod y blwch yn sgwâr).

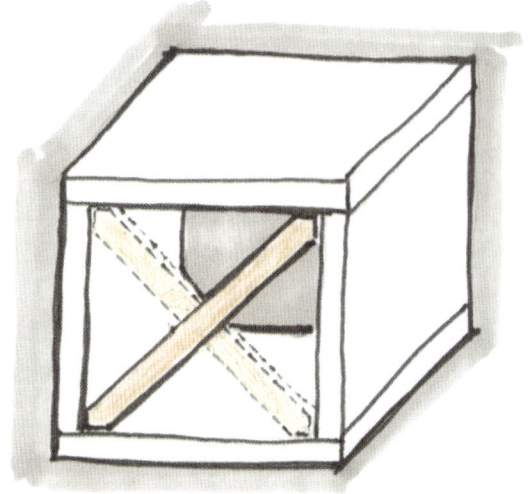

Medrydd Adwy

Erfyn gwirio syml arall sy'n hawdd ei wneud er mwyn sicrhau bod cydrannau yn gywir o ran eu maint.

Sgwâr Profi

Fe'i defnyddir yn ddyfais wirio i sicrhau bod defnyddiau wedi cael eu torri'n a'u llyfnu'n gywir fel bod ganddynt onglau sgwâr. Fe'i defnyddir hefyd ar gyfer gwirio bod fframweithiau, megis blychau gemwaith, wedi cael eu cydosod yn sgwâr.

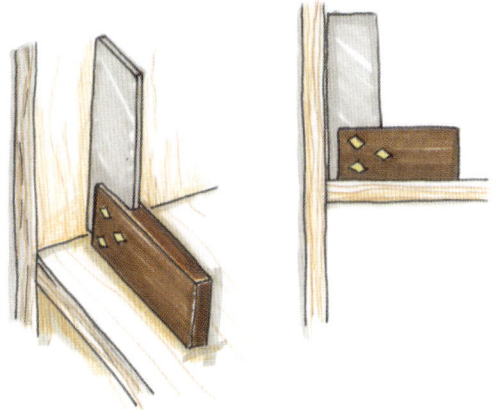

Nid yw Medryddion Fernier a micromedrau, hyd yn oed, yn ddigon manwl gywir ar gyfer nifer o ddiwydiannau gweithgynhyrchu, sy'n defnyddio technoleg soffistigedig megis laser ac uwchseineg i fesur a gwirio dimensiynau. Chwiliwch am hyn ar y Rhyngrwyd. Chwiliwch am y canlynol:

Dyfeisiau mesur laser
Proffilometreg laser
Microscopeg 3D
Mesur uwchsain

Mae llawer o ddefnyddiau angen rhyw fath o orffeniad arwyneb i wella eu hymddangosiad a hefyd i'w hatal rhag dirywio. Mae sawl dull y gellir ei ddefnyddio i roi gorffeniad ar arwyneb cynnyrch, gan gynnwys brwsio a chwistrellu.

Paentiau

Gellir defnyddio paentiau ar fetelau neu bren, ond ar y cyfan nid ydynt yn addas ar gyfer plastigion (er bod rhai paentiau arbenigol ar gael ar gyfer plastigion). Gellir eu dosbarthu yn dri grŵp:

1. PAENTIAU SAIL OLEW

Fel rheol, mae paentiau sail olew yn rhoi gorffeniadau sgleiniog. Mae paent sail olew yn wydn ac yn addas ar gyfer metelau a phren. Mae'n bwysig preimio'r defnydd cyn ei beintio. Mae brwsh neu roler da yn hanfodol. Defnyddiwch amnewidyn tyrpant neu wirod gwyn i lanhau'r offer peintio. Mae'r rhan fwyaf o baentiau sail olew yn addas ar gyfer eu defnyddio ar deganau plant a gellir eu defnyddio'n fewnol neu'n allanol.

2. PAENTIAU SAIL DŴR

Mae paentiau sail dŵr ar gael gydag ystod eang o orffeniadau, yn amrywio o fat i sgleiniog. Yn y blynyddoedd diwethaf, mae llawer mwy o baentiau sail dŵr wedi bod ar gael. Mae rhai yn addas dim ond ar gyfer gwaith ysgafn, megis peintio waliau, e.e. emwlsiwn finyl mat. Yn gyffredinol, mae'n addas ar gyfer ei ddefnyddio ar bren, er bod rhai ar gael ar gyfer metelau. Nid yw mor wydn â phaentiau sail olew. Golchwch yr offer â dŵr cynnes a digon o lanedydd.

3. PAENTIAU SAIL HYDODDYDD

Mae paentiau sail hydoddydd yn sychu'n gyflymach o lawer na mathau eraill o baent ac fel rheol maent ar gael mewn caniau chwistrellu. Er y gellir brwsio rhai ohonynt, maent yn anodd eu trin. Mae'r paentiau hyn yn cynnwys ystod o orffeniadau diddorol, megis wedi'i forthwylio, wedi'i gracellu ac ati. Ar y cyfan, mae'r paentiau hyn yn ddrutach ond yn gallu edrych yn well ar gynhyrchion bach. Rhaid defnyddio'r hydoddydd cywir (yn aml, sail cellwlos) ar gyfer glanhau offer. Mae awyriad da yn hanfodol gan fod y mygdarthau hyn yn wenwynig ac yn gallu achosi tân!

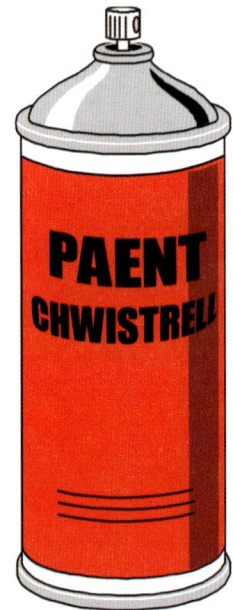

Farneisiau a Lacrau

Mae'r rhain ar gael ar ffurfiau sail olew, dŵr a hydoddydd. Mae farneisiau'n glir neu'n dryleu ac ar gael â gorffeniadau mat, satin neu sgleiniog. Mae caniau chwistrellu'n arbennig o ddefnyddiol ar gyfer cynhyrchion bach, ac mae nifer o fersiynau ar gael a ddatblygwyd yn benodol ar gyfer argaenu metelau.

Olew

Mae tîc a phrennau tebyg yn cynnwys olew naturiol. Bydd ychwanegu olew tîc neu olew had llin yn rhoi gorffeniad sy'n gwella ymddangosiad graen y pren ac yn ei amddiffyn ar gyfer ei ddefnyddio yn yr awyr agored. Gellir ychwanegu olew llysiau at bren a fydd yn dod i gysylltiad â bwyd e.e. offer gweini salad.

Llathrydd Ffrengig

Gorffeniad traddodiadol a geir drwy hydoddi sielac mewn gwirod methyl. Drwy ddefnyddio brwsh a lliain, crëir gorffeniad dwfn mewn haenau. Fel rheol, rhoddir cwyr ar ben y Llathrydd Ffrengig i wella'r sglein.

Staeniau Pren

Gellir defnyddio staeniau pren i wella lliw'r pren a dangos patrwm y graen. Mae staeniau ar gael ym mhob lliw, bron, ond nid ydynt yn effeithiol oni bai bo'r staen yn dywyllach na'r pren naturiol. Ar eu pen eu hunain, ni ystyrir eu bod yn orffeniad arwyneb gan fod arnynt angen caen ychwanegol o gwyr neu farnais i amddiffyn y pren rhag lleithder. Mae staeniau ar gael ar ffurf sail dŵr neu sail hydoddydd a gellir eu cael hefyd ar ffurf farnais lliw. Fel rheol, fe'u hychwanegir â chadach.

Seliwr Llyfnu

Fel rheol, cynnyrch sail hydoddydd sy'n debyg i farnais ac a ddefnyddir i selio pren. Mae'r hylif, sy'n sychu'n gyflym, yn selio'r arwyneb ac yn codi ffibrau'r pren fel y gellir eu torri'n ôl â phapur sgraffinio main. Mae'n addas fel cot gyntaf cyn ychwanegu farnais neu lathrydd cwyr. Yn gweithio'n dda ar ben staeniau pren.

Trocharaenu Plastig

Polythen yw'r powdr thermoplastig mwyaf cyffredin a ddefnyddir ar gyfer y broses hon. Chwythir aer drwy'r powdr i wneud iddo ymddwyn fel hylif. Mae metel, a gynheswyd yn barod hyd at 180 gradd, yn cael ei drochi yn y powdr llifol ac yna'i ddychwelyd i'r ffwrn lle mae'n toddi i greu gorffeniad llyfn. Fe'i defnyddir yn fasnachol ar gyfer cynhyrchion megis rheseli peiriant golchi llestri, a hefyd fe'i defnyddir yn aml ar gyfer projectau ysgol lle gwneir bachau cot a dolennau offer.

Caen Bowdr

Mae caen bowdr yn orffeniad diwydiannol sy'n fersiwn fwy soffistigedig o drocharaenu plastig. Chwistrellir y powdr ar y cynhyrchion sy'n llifo drwy ffwrn. Mae caen bowdr modern yn rhoi gorffeniad sy'n debyg i baent ac mae ar gael ym mhob lliw, yn ogystal â thryleu. Mae'n eithriadol o wydn.

Anodeiddio

Mae anodeiddio'n broses a ddefnyddir ar alwminiwm i greu gorffeniad gwydn sy'n gwrthsefyll cyrydiad. Mae'n ymwneud ag electrolysis ac yn defnyddio asidau a cheryntau trydanol sy'n beryglus mewn gweithdai ysgol. Gellir ychwanegu lliw at yr alwminiwm. Dyma'r broses orffennu a ddefnyddir amlaf ar alwminiwm.

Platio

Mae platio yn broses arall sy'n defnyddio electrolysis. Mae yna sawl ffurf, er mai platio cromiwm yw'r un mwyaf adnabyddus. Mae'r haen denau o fetel ar yr arwyneb yn rhoi gorffeniad gwydn i fetelau sy'n tueddu i gyrydu.

Galfanu

Mae galfanu yn golygu trochi metel (dur meddal, fel rheol) mewn bath o sinc tawdd. Mae'r sinc yn rhoi gorffeniad sy'n gwrthsefyll cyrydiad yn effeithiol iawn, er nad yw'n brydferth iawn.

Hunan-orffennu

Mae llawer o gynhyrchion yn hunan-orffenedig. Mae hyn yn wir, er enghraifft, yn achos cynhyrchion sydd wedi eu mowldio drwy chwistrellu. Mae'r mowld wedi cael ei lathru'n drylwyr, sy'n sicrhau bod yr un arwyneb yn cael ei drosglwyddo ar bob cynnyrch.

Mae llathru'n ddull gorffennu cyffredin a ddefnyddir ar bren, metelau a phlastigion caled megis acrylig.

Llathru Pren

Fel rheol, defnyddir llathrydd cwyr ar bren. Gellir ei roi ar y pren â llaw gyda chadach, neu gellir defnyddio olwyn loywi. Mae llathrydd yn llenwi arwyneb mandyllog y pren ac mae haen o lathrydd yn casglu ar arwyneb y defnydd.

Mae gwahanol fathau o lathrydd sy'n addas ar gyfer pren, gan gynnwys cwyr gwenyn a llathrydd silicôn.

Llathru Metelau

Mae llathrydd metel bob amser yn sgraffinio ychydig, gan ei fod yn dibynnu ar dorri ymaith arwyneb y metel nes ei fod yn llyfn. Gall llathryddion metel fod ar ffurf hylif neu far cwyr a roddir ar olwyn loywi.

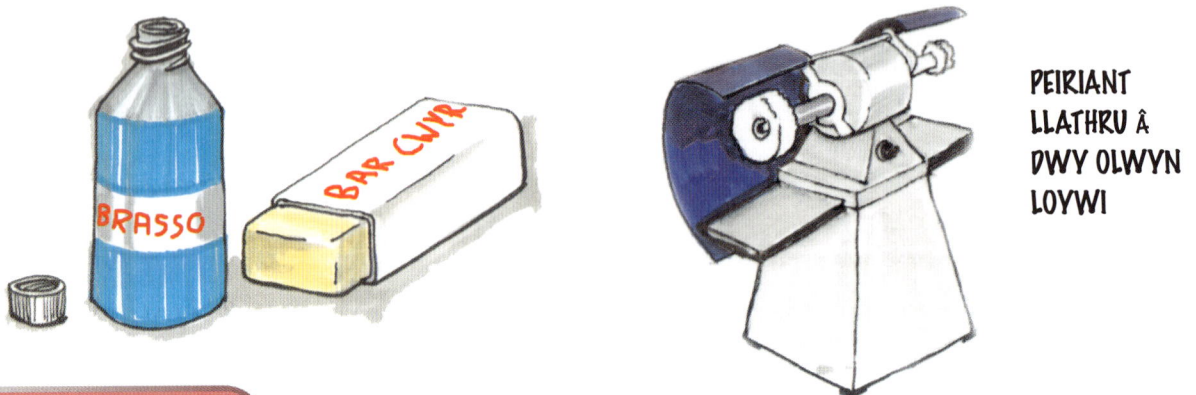

PEIRIANT
LLATHRU Â
DWY OLWYN
LOYWI

Llathru Plastigion

Yn aml llathrir plastigion caled megis acrylig ar eu hymylon toredig a gellir llathru hefyd er mwyn tynnu mân grafiadau. Cyflawnir hyn fel rheol drwy ddefnyddio llathrydd metel a ychwanegir â llaw gyda chadach, neu drwy ddefnyddio olwyn loywi. Mae cyfansoddion llathru, megis Vonax, yn creu arwyneb sgleiniog iawn. Fodd bynnag, mae'n hawdd gorgynhesu ymyl y plastig, drwy bwyso'n rhy galed ar yr olwyn loywi. Gall hyn achosi niwed parhaol i'r arwyneb.

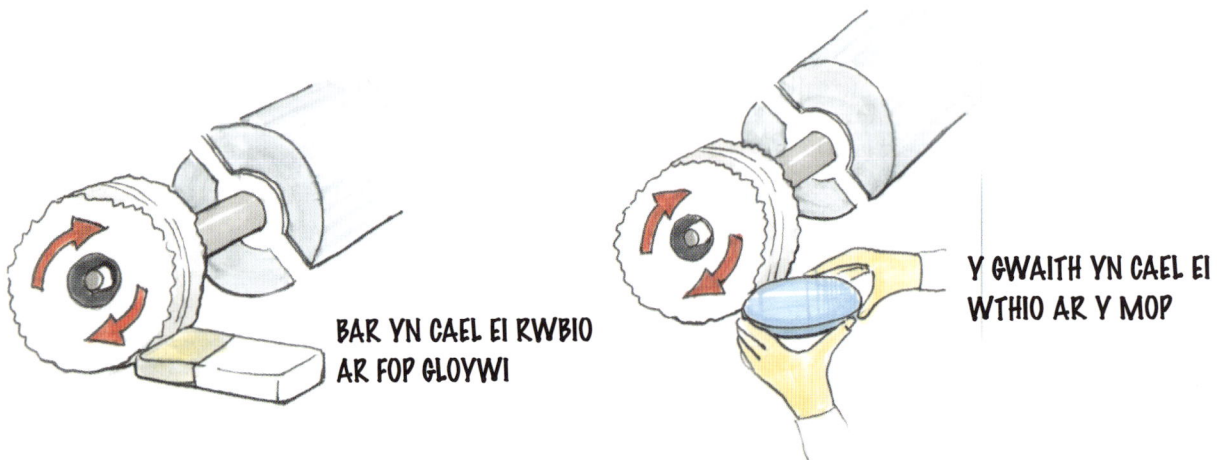

BAR YN CAEL EI RWBIO
AR FOP GLOYWI

Y GWAITH YN CAEL EI
WTHIO AR Y MOP

Mae sawl gwahanol fath o systemau a rheolyddion y bydd angen i chi eu deall a'u defnyddio.

Systemau

Mae system yn cynnwys tair prif ran – Mewnbwn, Proses ac Allbwn. Yn aml, mae systemau'n cynnwys nifer o is-systemau. Bydd gan lawer o'r systemau y byddwch yn eu defnyddio ddolennau adborth ynddynt hefyd. Bydd y termau hyn yn ymddangos ym mhob un o'r systemau y byddwch yn eu hastudio.

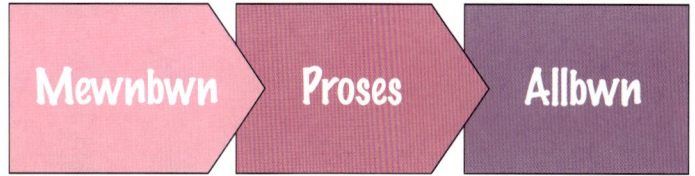

Mewnbwn > **Proses** > **Allbwn**

Systemau Mecanyddol

Disgrifir mewnbynnau yn nhermau eu symudiadau. Mae'r tudalennau canlynol yn disgrifio'r rhain yn fanylach ac yn awgrymu rhai o'r prosesau y gellir eu defnyddio i greu'r allbwn a ddymunir. Mae systemau mecanyddol yn rheoli symudiad, gan sicrhau bod y mewnbwn, sydd fwy na thebyg yn fodur trydanol, yn cael ei droi'n allbwn defnyddiol megis arwaith torri ar haclif bŵer.

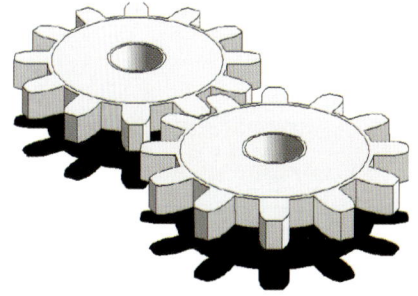

Systemau Cynhyrchu

Mewnbynnau yw'r deunydd crai ar ddechrau'r gweithrediad ac allbynnau yw'r cydrannau neu'r cynhyrchion cyfan a weithgynhyrchir. Mae systemau cynhyrchu'n rheoli holl brosesau'r gweithgynhyrchu, gan gynnwys trefnu'r defnyddiau, y gweithlu a'r offer (y peiriannau a'r cyfarpar a ddefnyddir). Defnyddir llawer o is-systemau, hyd yn oed yn y ffatrïoedd lleiaf.

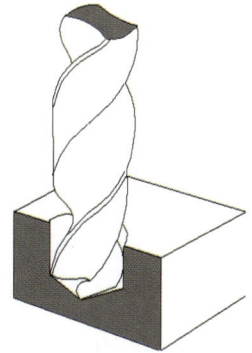

Systemau Sicrwydd Ansawdd

Nid yw'r un system weithgynhyrchu yn well na'i threfnau Sicrwydd Ansawdd. Gallai'r mewnbynnau fod yn gyfuniad o ddefnyddiau, systemau mecanyddol a phrosesau cynhyrchu. Mae Sicrwydd Ansawdd yn darparu'r dolennau adborth sy'n rhan mor hanfodol o weithgynhyrchu. Mae'n golygu diffinio pa wiriadau y mae'n rhaid eu gwneud, sut y cynhelir y gwiriadau a pha weithredu (adborth) y bydd ei angen. Disgrifir Sicrwydd Ansawdd a'r gwiriadau Rheoli Ansawdd sydd eu hangen o fewn system o'r fath yn fwy manwl yn ddiweddarach yn yr adran hon.

Systemau Iechyd a Diogelwch

Mae'n hanfodol bod Iechyd a Diogelwch yn cael eu cymryd i ystyriaeth ym mhob cam o'r broses o gynhyrchu cynnyrch. Yr allbwn angenrheidiol yw diogelwch pawb sy'n cymryd rhan mewn gweithgynhyrchu cynnyrch, y defnydd diogel a wneir ohono a'r ffordd y ceir gwared ohono yn y man. Mae'r mewnbwn yn dibynnu ar y ffaith fod pawb sy'n ymwneud â'r cynnyrch yn cymryd rhan weithredol yn y broses gyffredinol. Mae adborth yn hanfodol, boed hynny'n sôn wrth athro am ben morthwyl sydd wedi dod yn rhydd, neu gysylltu â gwneuthurwr pan geir hyd i nam mewn cynnyrch. Trafodir hyn yn fanylach yn nes ymlaen yn yr adran hon.

Gwisgwch darian wyneb

Cyflwyniad

Mae mecanwaith yn creu symudiad o fewn cynnyrch – bydd adegau pan fydd angen i chi gymhwyso mecanwaith at gynnyrch, boed hwnnw'n degan symudol neu'n ddarn o beirianneg soffistigedig.

Mae pedwar math o symudiad ...

1 CYLCHDRO
(Troi mewn cylch)

2 LLINOL
(Symud i un cyfeiriad)

3 CILYDDOL
(Symud yn ôl ac ymlaen)

4 OSGILIADOL
(Siglo i gyfeiriadau eiledol)

Symudiad Mecanyddol Cyffredinol

Bydd y theori canlynol yn eich helpu i ddeall sut mae elfennau sylfaenol mecanweithiau'n gweithio.
Mae'n bwysig edrych ar gynhyrchion parod hefyd, a cheisio deall pa fecanweithiau a ddefnyddiwyd i wneud iddynt symud. Bydd hyn yn eich helpu pan fyddwch yn dechrau datblygu eich syniadau dylunio, fel y gallwch ddefnyddio dull parod ac adeiladu'r dyluniad cyffredinol o'i gwmpas.

Liferi I – Egwyddorion Sylfaenol

Bron yn ddieithriad, bydd gan bob peiriant o leiaf un lifer. Dyfais syml yw lifer, yn cynnwys bar anhyblyg sy'n colynnu o gwmpas pwynt sefydlog. Gelwir y pwynt hwn yn 'ffwlcrwm'.

YMDRECH

LLWYTH

BAR ANHYBLYG

FFWLCRWM

- Rhoddir 'llwyth' ar un pen o 'far anhyblyg'. Gosodir y bar yn ganolog ar ben y 'ffwlcrwm' (pwynt colyn).
- Ar ben arall y bar, rhoddir grym – gelwir hwn yn 'ymdrech'.
- Mae hyn yn creu symudiad 'lifer' unigol o gwmpas y pwynt colyn.

Enghreifftiau o Liferi I

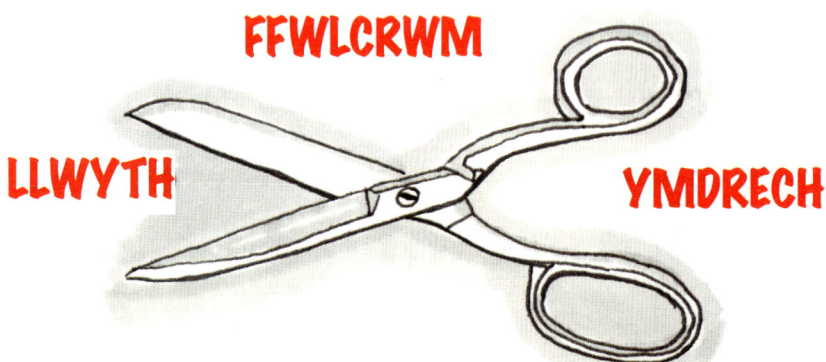

FFWLCRWM

LLWYTH

YMDRECH

Mae sisyrnau'n enghraifft o system liferi syml.
- Yr YMDRECH:- defnyddir y dwylo i greu hwn ar un pen.
- Y LLWYTH:- dyma'r gwrthiant yn erbyn yr ymyl dorri.
- Y FFWLCRWM:- dyma'r sgriw sy'n dal y ddau hanner gyda'i gilydd ac sy'n caniatáu symudiad.

Rhaid gwneud mwy o ymdrech wrth dorri papur neu gerdyn mwy trwchus, o'u cymharu â phapur tenau.

Liferi 2 – Lluosyddion Grym

Drwy newid safle'r ffwlcrwm, gellir lluosi'r ymdrech ac felly codi llwyth mwy o faint.

Mae trosoledd yr adrannau glas a melyn ar y bar anhyblyg bellach ar gymhareb o 6:2 neu 3:1.

- Felly gallai ymdrech o 1 symud llwyth o 3, ond bydd rhaid i'r pen lle mae'r ymdrech symud 3 gwaith ymhellach na'r 'pen' sy'n dal y llwyth.

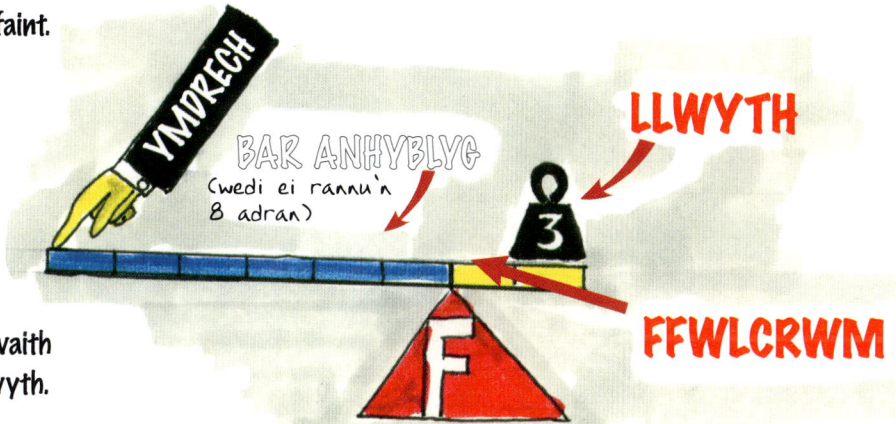

YMDRECH

BAR ANHYBLYG
(wedi ei rannu'n 8 adran)

LLWYTH

3

FFWLCRWM

F

Enghraifft o Liferi 2

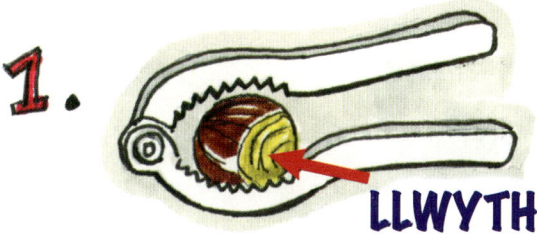

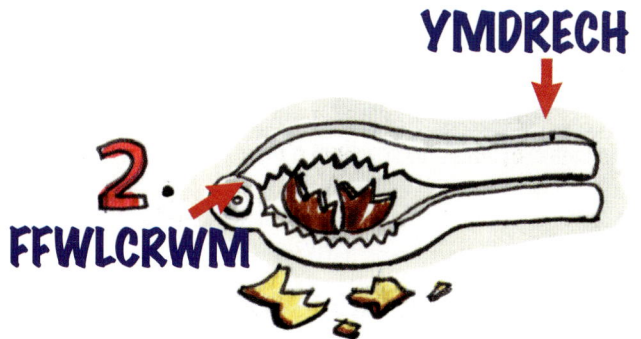

1.

LLWYTH

YMDRECH

2.

FFWLCRWM

Mae gefeiliau cnau yn enghraifft o'r ffordd y gellir gwneud i lifer weithredu fel lluosydd grym. Yn yr achos hwn, mae'r llwyth yn nes at y ffwlcrwm na'r ymdrech, gan olygu bod mwy o rym yn cael ei ychwanegu.

Liferi 3 – Lluosyddion Symudiad

Yn achos y trydydd math o lifer, rhoddir yr ymdrech rhwng y llwyth a'r ffwlcrwm. Mae'r ymdrech sydd ei hangen yn fwy na'r llwyth, ond y tro hwn lluosir maint y symudiad.

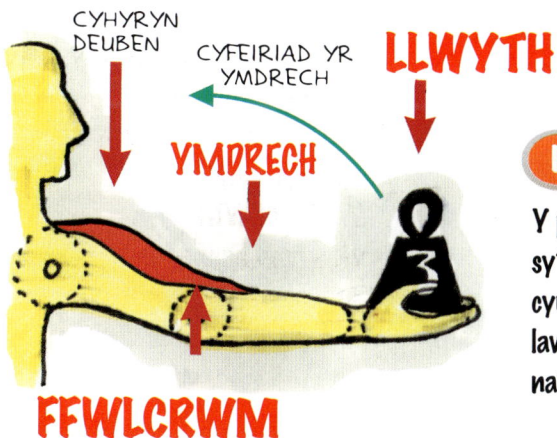

LLWYTH

YMDRECH

FFWLCRWM

F

CYHYRYN DEUBEN

CYFEIRIAD YR YMDRECH

LLWYTH

YMDRECH

FFWLCRWM

Enghraifft o Liferi 3

Y penelin yw'r ffwlcrwm. Daw'r ymdrech o'r cyhyryn deuben, sy'n cysylltu â'r elin fymryn yn is na'r penelin. Mae symudiad cymharol fach gan y cyhyryn deuben yn peri symudiad mwy o lawer yn is i lawr y fraich, ond rhaid i'r ymdrech fod yn fwy na'r llwyth.

Mae cranciau a chamau'n ddyfeisiau cymharol syml sy'n trawsnewid ...
... MUDIANT CYLCHDRO yn FUDIANT LLINOL (neu i'r gwrthwyneb).

Cranciau

Yn achos y treisicl a'r car pedalau, gall cranciau drawsnewid mudiant llinol yn fudiant cylchdro. Mae'r crancsiafft mewn modur yn gwneud yr un peth. Os newidir y trefniant, gall y cranc drawsnewid mudiant cylchdro yn fudiant llinol. Gellid defnyddio hyn i yrru pwmp, er enghraifft.

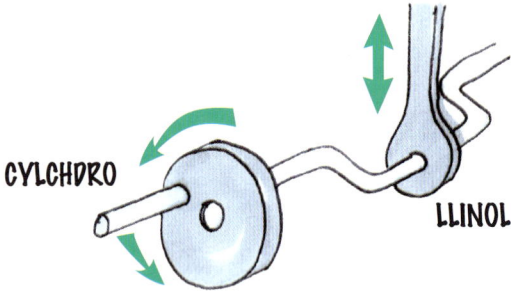

MUDIANT LLINOL ➡ MUDIANT CYLCHDRO

CYLCHDRO

LLINOL

Camau

Mae cam yn ddyfais sy'n trawsnewid un math o symudiad yn fath arall. Mae'r enghraifft isod yn dangos CAM CYLCHDRO sy'n trawsnewid MUDIANT CYLCHDRO yn FUDIANT CILYDDOL (symudiad i fyny ac i lawr ↕) yn y dilynwr cam. Gellir amrywio'r mudiant hwn drwy ddefnyddio camau o wahanol siapiau.

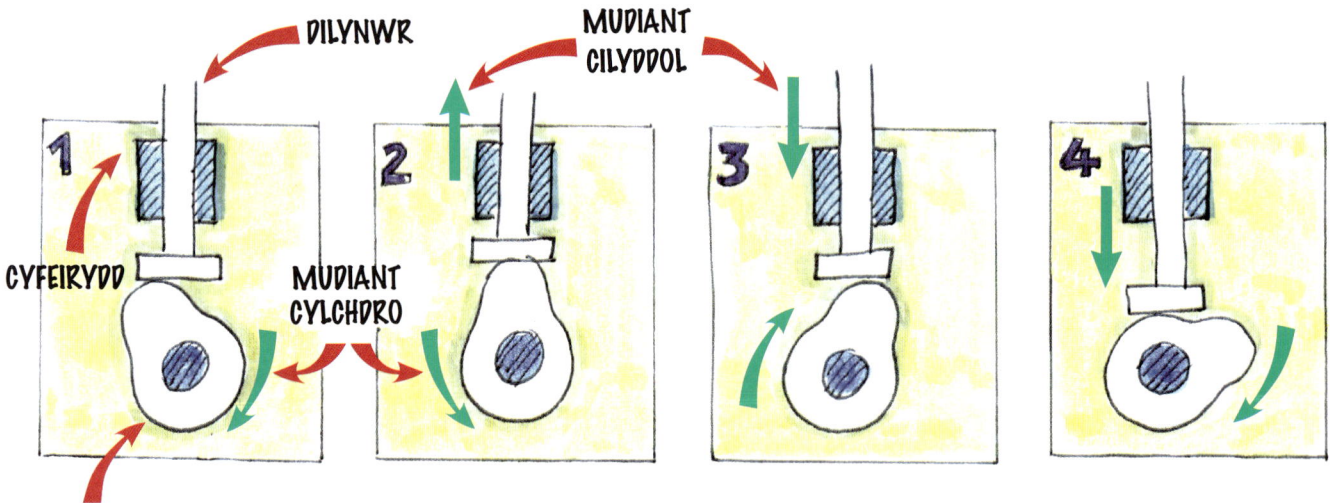

DILYNWR

MUDIANT CILYDDOL

1   2   3   4

CYFEIRYDD

MUDIANT CYLCHDRO

CAM 'SIÂP GELLYGEN'

- Mae DILYNWR yn rhoden sy'n symud i fyny ac i lawr. Bydd gan hwn wrthrych o'ch dewis chi ar ei ben.
- Mae CYFEIRYDD yn dal y DILYNWR yn ei le.

Dyma sut mae'r cam syml yn edrych mewn 3D.

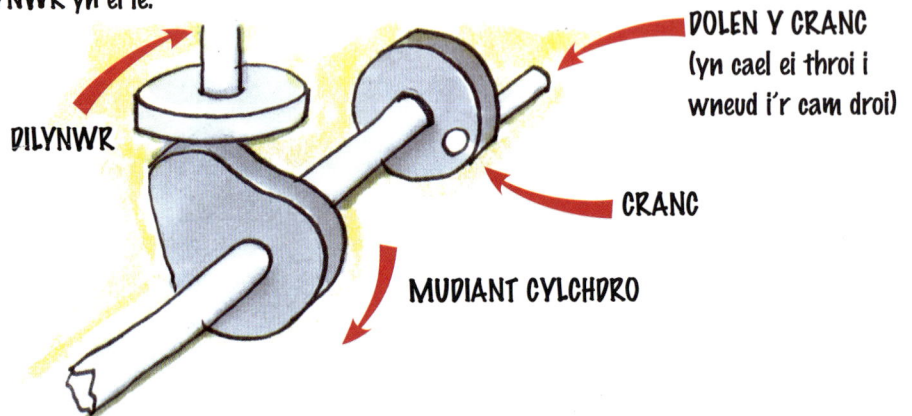

DILYNWR

DOLEN Y CRANC
(yn cael ei throi i wneud i'r cam droi)

CRANC

MUDIANT CYLCHDRO

Sbringiau

Mae sawl gwahanol fath o sbring, a ddefnyddir mewn amrywiaeth o ffyrdd i wrthsefyll gwahanol rymoedd. Gellir eu rhannu'n fras yn bedwar grŵp ...

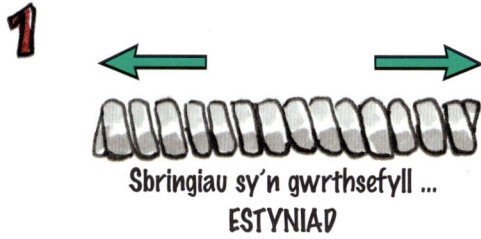

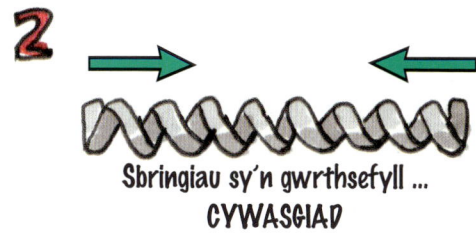

1

Sbringiau sy'n gwrthsefyll ...
ESTYNIAD

2

Sbringiau sy'n gwrthsefyll ...
CYWASGIAD

3

Sbringiau sy'n gwrthsefyll ...
SYMUDIAD RHEIDDIOL

4

Sbringiau sy'n gwrthsefyll ...
DIRDROI

Mae pob sbring yn gwrthsefyll grym drwy geisio dychwelyd i'w siâp neu safle gwreiddiol.

Cysyllteddau

Weithiau gall cysylltedd weithredu fel lifer, ond gan amlaf mae'n trosglwyddo un mudiant mecanyddol i un arall. Fe'i defnyddir yn aml i gysylltu camau â chranciau neu gamau â liferi neu i'r gwrthwyneb. Isod ceir tair enghraifft yn dangos cysylltedd syml. Enghraifft syml, a fydd yn gyfarwydd i chi o bosibl, yw blwch offer metel sy'n agor i ddangos hambyrddau ar wahanol lefelau.

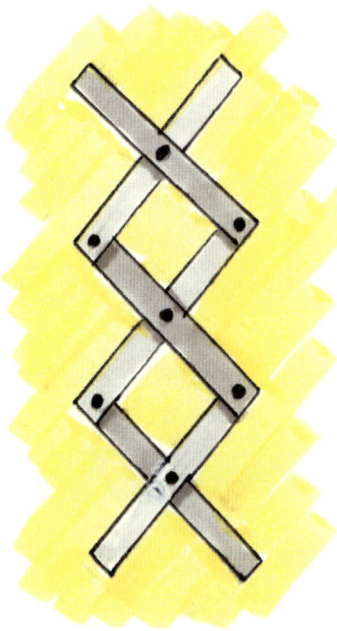

CYSYLLTEDD
GEFELAU

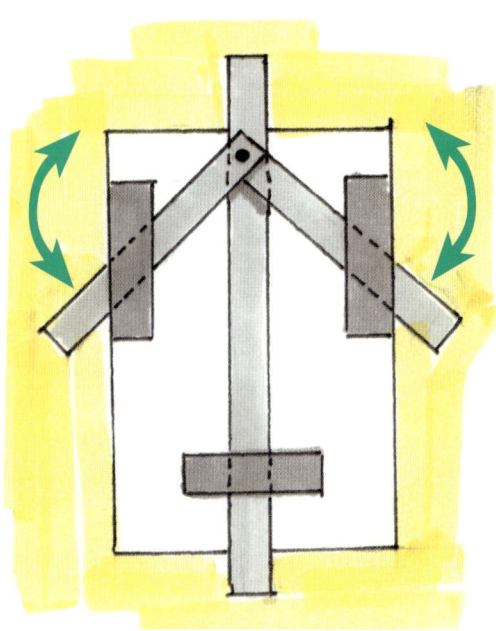

CYSYLLTEDD
ESGYLL SYMUDOL

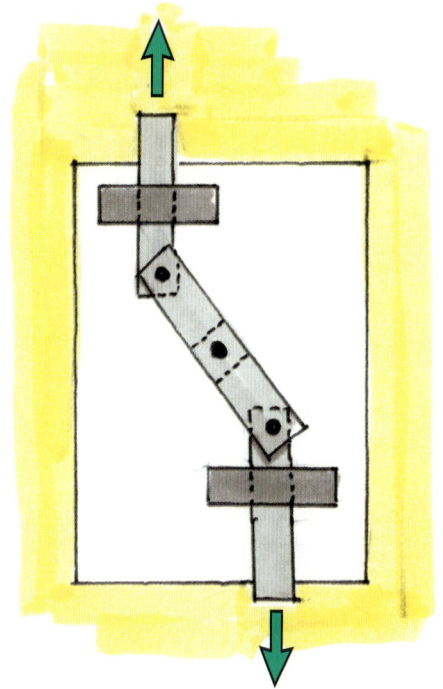

CYSYLLTEDD
GWTHIO-TYNNU

Gerau

Mae gerau, fel cysylltateddau, yn trosglwyddo un mudiant i un arall. Mae gan olwynion gêr ddannedd o amgylch yr ymyl sy'n masgio gyda dannedd gêr arall. Mae cadwynau neu feltiau hefyd yn gallu cysylltu olwynion gêr. Defnyddir gerau fel lluosyddion neu leihawyr grym i wneud i bethau fynd yn gyflymach neu'n arafach. Fe'u defnyddir ar feiciau ac mewn ceir; hefyd mewn chwisgiau llaw, troellwyr salad, teganau ac agorwyr poteli.

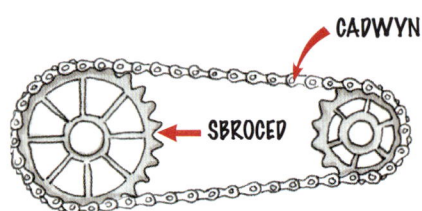

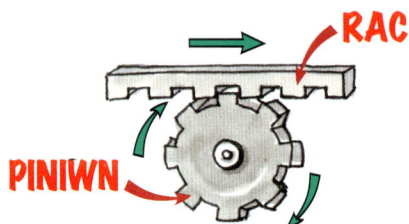

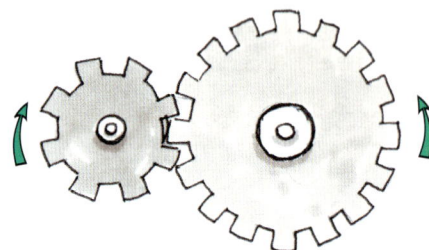

CADWYN

RAC

SBROCED

PINIWN

- **GALL** gerau leihau'r grym gosod sydd ei angen i seiclo i fyny bryn drwy gynyddu cyflymder eich pedalu.

- Gellir defnyddio cysylltedd rac a phiniwn mewn ceir i drawsnewid mudiant cylchdro'r llyw yn fudiant ochrol yr olwynion.

- Mae'r piniwn yn symud yr olwyn fawr. Mae gan yr olwyn fawr ddwywaith gynifer o ddannedd ac felly mae'n cylchdroi ar hanner y cyflymder (ond gyda dwywaith y grym).

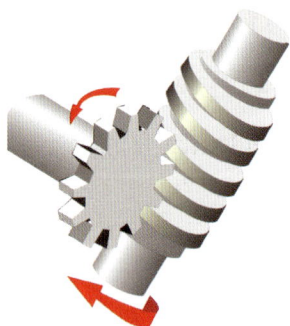

- Mae edau ac olwyn gripian yn newid mudiant trwy 90°. Fel rheol, yr edau yw'r gyrrwr. Oherwydd y lleihad sylweddol mewn cyflymder a'r trorym (grym dirdroi) uchel, defnyddir y mecanwaith hwn mewn cynhyrchion megis cymysgyddion bwyd llaw.

- Mae gerau befel hefyd yn newid mudiant trwy 90°. Os yw'r gerau'n amrywio mewn maint, bydd y cyflymder yn newid hefyd. Fe'u ceir yn aml mewn driliau llaw trydanol.

Pwlïau

Olwyn gyda rhigol o'i chwmpas sy'n dal belt yw pwli. Fe'u defnyddir i reoli pa mor gyflym mae rhywbeth yn troi. Defnyddir pwlïau hefyd i hwyluso codi. Ceir enghreifftiau eraill o bwlïau mew recordwyr casét, peiriannau golchi a chraeniau.

1. Mae'r gyriant hwn yn defnyddio gerio – mae'r olwyn fawr yn cylchdroi'n arafach na'r olwyn fach, ond gyda mwy o rym.

2. Mae dirdroad yn y belt (pwli) yn peri i'r olwynion droi i gyfeiriad dirgroes.

Gweithgynhyrchu

Mae gweithgynhyrchu masnachol yn cynnwys system neu grŵp o is-systemau sy'n galw am:

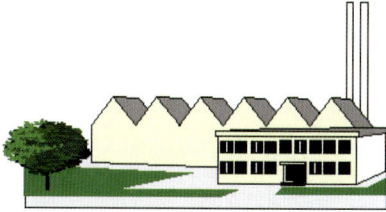

Adeiladau neu leoliadau gwaith arbennig.

Trefnu pobl.

Trefnu offer a chyfarpar.

Systemau gwybodaeth sy'n helpu pobl i gyfathrebu â'i gilydd yn ddibynadwy.

Dulliau o newid siâp a ffurf defnyddiau crai.

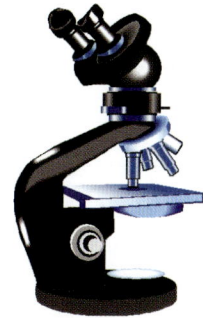

Cyflawni trefnau Sicrwydd Ansawdd a gwirio ansawdd.

Dylunio a chynhyrchu nifer o gynhyrchion mewn ffordd systematig.

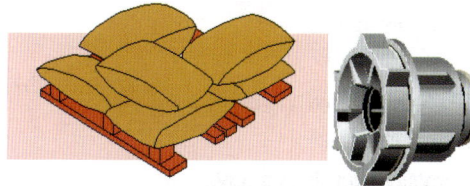

Dulliau o ddefnyddio offer a chyfarpar i drawsffurfio'r defnyddiau yn gynhyrchion.

Dulliau gweithio sy'n effeithlon a diogel.

Dulliau o waredu gwastraff mewn ffordd sy'n gyfeillgar i'r amgylchedd.

Cludo defnyddiau a chynhyrchion gorffenedig.

Bydd angen i'r system hon gydweithio, beth bynnag fo graddfa'r cynhyrchu. Mae adborth gan y gweithlu yn hanfodol ym mhob cam os y nod yw bod yn 'Gywir y tro cyntaf, bob tro'.

Sicrwydd Ansawdd

Mae Sicrwydd Ansawdd yn gwirio'r systemau sy'n gwneud y cynhyrchion cyn, yn ystod ac ar ôl eu gweithgynhyrchu. Mae'n sicrhau cysondeb a bod y cynnyrch yn cwrdd â'r safonau gofynnol. Rhaid monitro ffactorau megis cyfarpar, defnyddiau, prosesau a hyfforddiant staff yn gyson. Mae'r cwsmer yn rhan bwysig o bob system SA a bydd yn cymryd rhan yn y monitro yn ystod y gwahanol gamau, o bosibl.

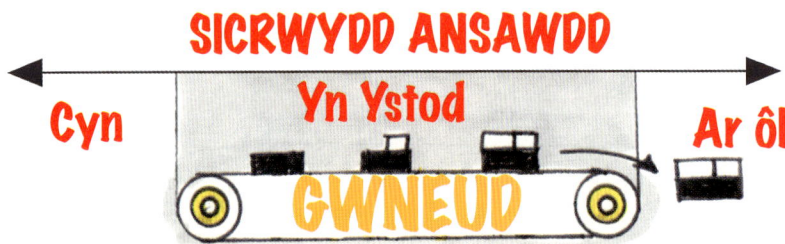

SICRWYDD ANSAWDD
Yn Ystod
Cyn **Ar ôl**
GWNEUD

AWGRYMIADAU
Gwnewch yn siŵr eich bod chi'n adnabod symbolau ac arwyddion sy'n ymwneud â sicrwydd ansawdd, ac sydd wedi eu harnodi gan awdurdodau cydnabyddedig.

CE

Rheoli Ansawdd

Rheoli Ansawdd yw'r gyfres o wiriadau a wneir ar gynnyrch wrth iddo gael ei wneud. Rhaid gwirio er mwyn sicrhau bod pob cynnyrch yn cyrraedd safon benodol. Dyma rai o'r profion sy'n debygol o gael eu cyflawni ar y cynnyrch ...

FFLAMADWY

Cywirdeb dimensiynau

Pwysau

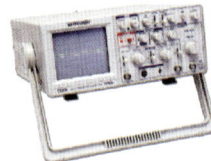

Profi cylched drydanol

Profion fflamadwyedd

Mae cynnal profion yn rhan bwysig o weithgynhyrchu cynnyrch, a gall ddigwydd ar unrhyw adeg yn ystod y cynhyrchu. Er enghraifft, gellid cynnal profion ar dop plastig potel, a wnaed drwy broses mowldio chwistrellu, ar ôl cynhyrchu deg, mil neu filiwn ohonynt. Yn yr enghraifft benodol hon, byddai rhai o'r profion yn cynnwys: gwirio ei ddiamedr a'i drwch a sicrhau ei fod yn sgriwio'n gywir ar ei gynhwysydd.

Goddefiannau

Gan na ellir gwarantu y bydd pob gwrthrych yn cwrdd â'r manylebau yn fanwl gywir pan gynhyrchir niferoedd sylweddol, rhaid defnyddio goddefiant. Mae hyn yn nodi lleiafswm a mwyafswm y mesuriadau. Gall dadansoddi'r profion goddefiant ddangos bod peiriant ar fin methu, a helpu i gyrraedd nod eithaf rheoli ansawdd, sef DIM DIFFYGION.

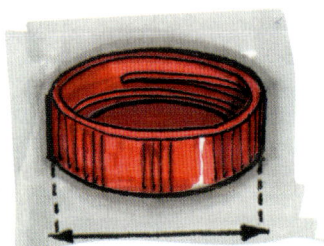

↓GODDEFIANT — MWYAF
LLEIAF

X ✓ X
RHY FAWR IAWN RHY FACH

DIAMEDR ALLANOL

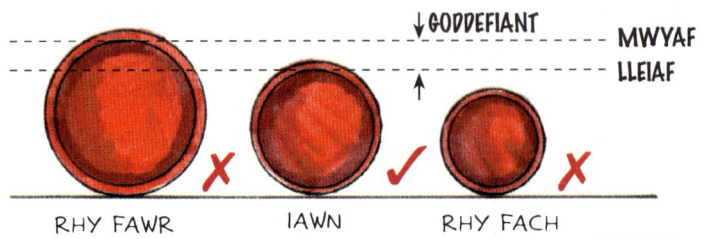

Iechyd a Diogelwch

Mae systemau Iechyd a Diogelwch yno i amddiffyn pawb. Mewn amgylchedd gweithgynhyrchu rhaid gwirio'r systemau hyn yn gyson ac mae pobl sydd yn rheoli'r systemau hyn. Yn DT bydd nifer o systemau Iechyd a Diogelwch ar waith yn barod. Mae'n hanfodol eich bod chi'n gwybod beth ydy'r rhain, gan y gallai eich bywyd ddibynnu arnynt.

Gwnewch yn siŵr eich bod chi'n gwybod pa gyfarpar diogelwch y mae angen i chi eu gwisgo.

Tacluswch ar eich ôl bob amser. Mae ardal daclus yn ardal fwy diogel.

A ydych chi'n gwybod ble i roi'r ysbwriel? Rhaid cael gwared ar lawer o ddefnyddiau'n ofalus iawn er mwyn lleihau'r perygl o dân neu broblemau amgylcheddol.

Peidiwch â chodi eitemau trwm. Hyd yn oed os yw'n ymddangos yn cŵl, gall fod yn beryglus iawn.

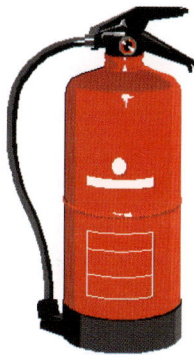

Dysgwch am drefnau tân. A ydych chi'n gwybod beth yw pwrpas y gwahanol ddiffoddwyr tân? A ydych chi'n gwybod ble mae'r allanfeydd tân?

Cymorth Cyntaf

A ydych chi'n gwybod beth i'w wneud os bydd damwain? At bwy fyddech chi'n mynd?

Asesu Risg

Dyma system sy'n edrych ar y posibilrwydd o broblemau'n codi o bob gweithgaredd. Bydd eich athrawon wedi asesu risg pob peiriant a phob proses yn DT. Ewch ati i wneud asesiad risg ar gyfer eich cynnyrch chi.

Pa rybuddion Iechyd a Diogelwch fydd rhaid i chi eu darparu, o bosibl, ar gyfer y cynnyrch rydych chi'n ei ddylunio a'i wneud?

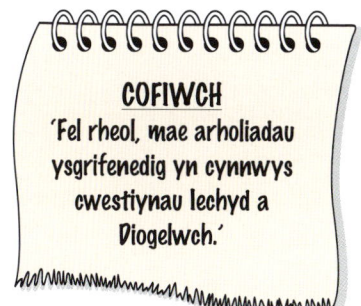

COFIWCH
'Fel rheol, mae arholiadau ysgrifenedig yn cynnwys cwestiynau Iechyd a Diogelwch.'